“十四五”高等职业院校财经专业智能型教材

基础会计实训

柳　志　主编

李添瑜　周　慧　副主编

中国财经出版传媒集团
中国财政经济出版社

图书在版编目(CIP)数据

基础会计实训/柳志主编．—北京：中国财政经济出版社，2021.9

“十四五”高等职业院校财经专业智能型教材

ISBN 978-7-5223-0772-5

Ⅰ.①基… Ⅱ.①柳… Ⅲ.①会计学—高等职业教育—教材 Ⅳ.①F230

中国版本图书馆 CIP 数据核字(2021)第 185934 号

责任编辑：钱红叶　　　　责任校对：唐　堂

封面设计：兰卡绘世　　　　责任印制：张　健

基础会计实训

JICHU KUAIJI SHIXUN

中国财政经济出版社出版

URL：http://www.cfeph.com

E-mail：cfeph@cfeph.cn

社址：北京海淀区阜成路甲 28 号　邮政编码：100142

营销中心电话：010-88191522　销售电话：010-59812310

中煤(北京)印务有限公司印刷　各地新华书店经销

成品尺寸：185 mm×260 mm　16 开　12.25 印张　306 000 千字

2021 年 10 月第 1 版　2021 年 10 月北京第 1 次印刷

定价：49.80 元

ISBN 978-7-5223-0772-5

(图书出现印装问题，本社负责调换)

本社质量投诉电话：010-88190744

打击盗版举报热线：010-88191661，QQ：2242791300

前　言 Preface

本书是高职高专会计系列教材之一，是《基础会计》的配套实训教材，是为了学生进一步掌握《基础会计》的基本理论、基本方法和基本操作技术，提高学生对会计实际工作的感性认识和实际操作能力，由多年从事会计教学、经验丰富的教师精心编写而成。

本书内容共分为八个项目，包括：会计核算书写规范实训，原始凭证的填制与审核实训，记账凭证的填制与审核实训，账簿的登记实训，财产清查实训，会计报表的编制实训，会计凭证与账簿的装订、保管实训以及综合实训。

本书由柳志任主编，李添瑜、周慧任副主编，全书由陈雅玲主审。虽然本书的编写者都是长期从事会计理论教学和实训教学的教师，但由于水平所限，加上时间仓促，书中疏漏之处在所难免，恳请读者批评指正。

编　者

2021 年 9 月

Contents 目录

项目一 Chapter 1
会计核算书写规范实训

任务一　掌握数字书写规范

会计核算中的数字包括大写数字和小写阿拉伯数字。

一、大写数字

大写数字主要用于填制需要防止涂改的信用凭证，如收据、发票、支票以及经济合同等书面凭证。

(一)数码和数位

大写数字是由数码和数位组成的，表示位的文字前必须有数字。

(1)数码：零、壹、贰、叁、肆、伍、陆、柒、捌、玖。不可用另、一、二、三、四、五、六、七、八、九代替。

(2)数位：个、拾、佰、仟、万、拾万、佰万、仟万、亿等。

数位表示如下：

拾亿位，亿位 仟万位 佰万位，拾万位 万位 仟位，佰位 拾位 个位. 拾分位 佰分位

拾亿 ，亿 仟万 佰万 ，拾万 万 仟 ，佰 拾 元 . 角 分

分节符　　分节符　　分节符　　小数点

注：实际工作中可用空格作为分节符。

(二)书写规则

(1)字体一般写正楷或行书。

(2)大写金额数字前未印有货币名称的，应当加填货币名称，金额数字与货币名称之间不得留有空白，以防篡改。

(3)大写金额满“拾”时，必须在“拾”字前写个“壹”字。例如，19.00 大写为：人民币壹拾玖元整。

(4)阿拉伯金额数字中间有“0”时，汉字大写金额要写“零”字；阿拉伯金额数字中间连续有几个“0”时，汉字大写金额中可以只写一个“零”字；阿拉伯金额数字元位是“0”，或者数字中间连续有几个“0”，且元位也是“0”，但角位不是“0”时，汉字大写金额可以只写一个“零”字，也可以不写“零”字。例如，¥60,006.50 大写为：人民币陆万零陆元伍角整。

(5)大写金额数字到元或者角为止的，在“元”或者“角”字之后应当写“整”字或“正”字；但大写金额数字有分的，分字后面不写“整”字或“正”字。例如，¥60,006.55 大写为：人民币陆万零陆元伍角伍分。

(6)填写凭证时写错或遗漏，不能涂改，要重新填写。

在会计核算中，票据的出票日期必须使用中文大写。为防止变造票据的出票日期，在填写月、日时，月、日为壹至玖的，应在其前加“零”；月、日为拾壹至拾玖的，应在其前面加“壹”。例如，1 月 2 日应写为零壹月零贰日；12 月 15 日应写为壹拾贰月壹拾伍日。

二、阿拉伯数字

阿拉伯数字是世界上通用的数字，应用范围较广，会计核算中多在填写单、证、账册及记录计算结果时使用。阿拉伯数字的写法为：0、1、2、3、4、5、6、7、8、9。

(一)总体书写规则

(1)先上后下，先左后右，沿横格底线向右下倾斜，约成 60 度夹角，高度占格高的二分之一左右。不能潦草，不能似是而非，要一个一个地写，不能连笔。除 4 和 5 外，其他数字均要一笔写成，有圆的必须封口。

(2)阿拉伯金额数字前面应当书写货币币种符号或者货币名称简写和币种符号。金额货币符号与阿拉伯金额数字之间不得留有空白。阿拉伯金额数字前写有币种符号的，阿拉伯金额数字后面不再写货币单位。

(3)一组数字书写时，字形要一致，字距要等同，左右位置居中，除 7 和 9 可伸入下格的四分之一外，其余数字均要落笔于底线上。

(4)所有以元为单位的阿拉伯金额数字，除表示单价等情况外，一律填写到角分；无角无分的，角位和分位可写“00”，或者符号“—”；有角无分的，分位应当写“0”，不得用符号“—”代替。

(5)为了方便看数，整数部分从个位起向左每隔三位用一分节符“,”分开，个位和拾分位之间的数字下面应标明小数点“.”。例如，人民币伍万零贰佰贰拾叁元伍角整，小写为：￥50,223.50。

(6)写错数字需要改正时，要用红笔将整个数字从中划一单红线，以示注销，再用蓝黑墨水或碳素墨水的钢笔在数字的正上方写上正确的数字，并在旁边加盖经办人私章，以明确责任。例如，将金额数字 2689.75 误写成 2698.75，正确的更正方法如下：

2689.75

~~2698.75~~　　私章

(二)各个数字书写的基本规则

“0”字不要写小了，且要闭合，以免改作 9，连续写几个 0 时，不要写连接线。

“1”字不能写得比其他数字短，以免篡改。

“2”字不能写成“Z”，以免被改作 3。

“3”字要使起笔处至转弯处距离稍长，不应太短，且转弯处要光滑，使其不易被误为 5。

“4”字的转角要死折，使其不易被改作 6。

“5”字的短横与“秤钩”必须明显，切不可拖泥带水，以防与 8 混淆。

“6”字起笔要伸至上半格四分之一处，下圈要明显，使其不易被改作 4 与 8。

“7”字上端一横既要明显，又要平直，折划不得圆滑，以与 1 和 9 明显区别开来。

“8”字注意上下两圈要明显可见，且上圈稍小。

“9”字的小圈不要留间隙，要下伸至下格四分之一处，以免与 4 混淆。

在会计核算中，票据和结算凭证的金额应以中文大写和阿拉伯数码同时记录，两者必须一致，两者不一致的票据无效；两者不一致的结算凭证银行不受理。

任务二　掌握文字书写规范

文字书写通常应避免潦草、字形失态、字画刻板和杜撰文字。本任务先对会计核算中文字的书写加以说明，然后简单介绍会计核算中摘要和会计科目的书写规范。

一、文字书写规范

会计核算中文字书写规范主要从以下三个方面把握。

(一)字体

汉字字体种类繁多，如仿宋体、扁魏体、正楷体、隶体及各种行书体、草体等。会计核算中究竟哪种字体好，并无定数。但是，为了保持账务处理的整洁、美观、易于辨认，一般选用扁魏体、正楷体、行书体中的一种为佳。初学者可以去书店选择字体娟秀的字帖，反复练习，掌握其要领。

(二)字形

会计核算中，无论采用扁魏体、正楷体还是行书体，虽然每种字体笔划有所差异，但其笔划的组合形式(字的结构)是相似的。要使字形在结构上比较完美，基本上要合乎以下规则：

(1)平衡。字形笔划的配置应力求左右平衡、重心居中。上下相同部首组合的字或上下对称的独体字，应上紧下松，使之平稳。

(2)布白均匀。笔划间的空白部分叫布白，笔划间或部首间的组合布白应有均匀的感觉。

(3)参差有变。字体的笔划不能机械搭配，应使部首间有机联系，以免呆板，主要表现在部首间笔划能交错者应互相穿插避让，重复的笔划应有所变化。

(三)字位

所谓字位，就是指每个字在凭证、账页、表册每行格中的位置。根据会计核算的实际需要和记账规则，在账务处理中发生差错需要更正时，要用划线更正法，若文字书写过大，更改便没有位置；书写过小，则又难以辨认。所以，通常汉字以占格高的二分之一左右为佳，并落笔在底线上。

二、摘要和会计科目的书写规范

摘要中的文字既要少而精，又要准确表达经济业务的基本内容；会计科目中的文字要符合会计制度的规定。写会计科目名称和编号，不能只写会计科目编号不写会计科目名称。总账科目要写全称，不能简写；明细科目要精简。

任务三　书写规范实训操作

实训目的

会计书写规范是指会计人员在经济业务的记录过程中，所涉及的文字和数字书写的一般原则性要求。会计工作离不开书写，书写的规范性不仅是会计素养的体现，更是会计工作质量的保证，准确、规范、清晰和整洁是会计书写规范的基本要求。通过本次实训，学生可以熟练掌握数字和文字书写规范。

实训要求

计算和书写是一个统一的整体，只有两者完全正确，所得到的资料才真实可靠，具有使用价值。因此，会计人员对于会计核算中凭证的填写、账簿的登记、报表的编制都需要用规范的文字和数字加以表达，并掌握书写的技能，做到书写的文字和数字正确、清晰、流利和匀称。

评价标准

要求能够标准地书写数字和文字。

实训内容

一、请将下列小写金额数字写成大写金额数字

1. ￥79,879.80

2. ￥158,622.88

3. ￥60,000,650.04

4. ￥1880,160.00

二、请将下列大写金额数字写成小写金额数字

1. 人民币伍拾捌万柒仟陆佰元整

2. 人民币陆拾伍亿零陆元贰角整

3. 人民币陆万捌仟陆佰肆拾伍元叁角壹分

4. 人民币叁拾元零伍分

三、练习书写下列票据日期

1. 2月16日

2. 3月8日

3. 10月23日

4. 12月8日

项目二　Chapter 2

原始凭证的填制与审核实训

任务一　掌握原始凭证填制、审核的相关知识

一、原始凭证的概念和内容

原始凭证又称单据，它是在经济业务发生当时取得或填制的，据以载明经济业务完成情况，明确经济责任的书面证明，也是记账的原始依据。

原始凭证一般具备以下几个方面的基本内容：

(1)原始凭证的名称；

(2)填制凭证的日期和凭证编号；

(3)填制单位或接受单位名称；

(4)经济业务内容摘要；

(5)经济业务的实物数量、大小写金额；

(6)经办人员签章或单位公章或业务章等。

二、原始凭证的分类

(1)原始凭证按其来源不同，可分为外来原始凭证和自制原始凭证两种。

自制原始凭证是指由本企业经办部门和人员在完成经济业务时填制的凭证。如购入材料入库时的收料单，领用材料物资时的领料单等。

外来原始凭证是指在经济业务发生时，从对方单位取得的凭证。例如，供货单位开具的发票，银行的收款或支款通知，上缴税金的缴款书等。

(2)自制原始凭证按其填制次数的不同，分一次凭证、累计凭证、汇总记账凭证。

一次凭证是指对一项经济业务或若干项同类经济业务在其发生或完成后，一次填制完毕的一种原始凭证。外来原始凭证一般都是一次凭证，自制原始凭证大多也是一次凭证。

累计凭证是指在一定时间内，连续地在一张凭证中登记若干项同类经济业务，把期末累计作为记账依据的一种原始凭证。如工业企业使用的限额领料单，就是比较典型的累计凭证。

汇总凭证是根据许多同类经济业务的原始凭证定期加以汇总而重新编制的凭证。例如，月末根据月份内所有领料单汇总编制的领料单汇总表、工资分配表等。

三、原始凭证的填制要求

原始凭证的填制要求，如图 2-1 所示。

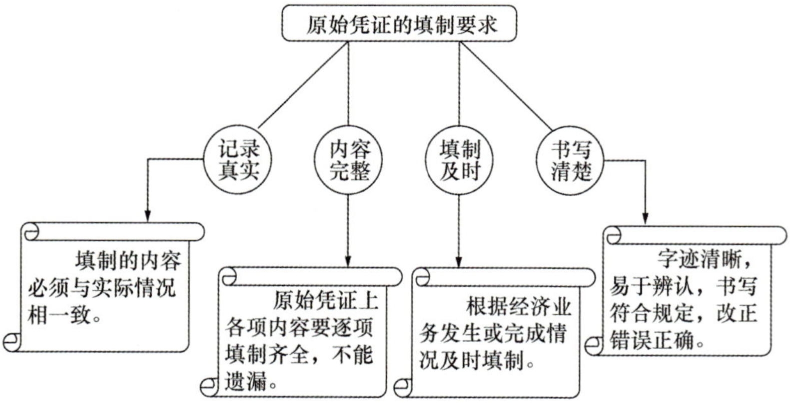

图 2-1　原始凭证的填制要求

四、原始凭证的审核

原始凭证的审核见表 2-1。

表 2-1　　原始凭证的审核

审核项目	具体内容
真实性审核	(1)经济业务的双方当事单位和当事人必须是真实的。 (2)经济业务发生的时间、地点和填制凭证的日期必须是真实的。 (3)经济业务的内容必须是真实的。 (4)经济业务的数量、金额必须是真实的。
完整性审核	(1)要素完整。即原始凭证应具备的基本要素，如发票上应有的财务公章、税务专用章、各联的用途、发票编号等，不可缺少。 (2)手续齐全。包括业务双方经办人是否签名或签章。需经领导签名批准的原始凭证应有领导人的亲笔签名或签章，对手续不全的原始凭证应退回补办手续。
合法性审核	(1)凭证合法性的审核。如自制原始凭证必须有经办单位负责人或指定人员的签名或盖章，对外开出的原始凭证必须加盖单位公章或发票专用章、财务专用章等。 (2)经济事项的审核。审核经济业务的内容是否符合法规、制度、政策、计划和合同的规定，支出是否符合财务制度的要求等。

任务二　原始凭证的填制与审核实训操作

实训目的

通过本实操训练，学生可以明确原始凭证应具备的基本要素，并在对会计凭证原有的认识基础上掌握原始凭证的填制和审核方法，学会增值税专用发票、普通发票、收料单、领料单、收据、借款单、费用报销单、支票等原始凭证的填制技能，了解会计凭证的传递程序。

模拟实训企业概况

一、企业概况

湖南星城门业有限公司成立于 2015 年 01 月 01 日，主要从事木质门和铝合金门的生产和销售。

二、企业基本资料

公司名称：湖南星城门业有限公司

公司地址：湖南省长沙市岳麓区雷锋大道356号，电话：(0731)88116666
公司注册资本：人民币500万元
公司法定代表人：李祥和
公司总经理：刘悦
税务登记号：430 876 213 564 010
公司开户银行：中国建设银行长沙麓山支行(行号6897566)
账号：29206799801008432002(基本账户)
29206799801005554562(工资账户)
29206799801007892056(住房公积金账户)
一般存款账户：中国工商银行长沙白沙支行，账号：19010072012000455868
企业在银行的预留印鉴为财务专用章和法人章

三、公司会计工作组织及分工

公司单独设置财务部门，内设会计主管、总账会计、成本会计、出纳四个工作岗位，具体分工如下。

王宇，会计主管，职责：领导和组织公司会计核算工作，负责审核会计凭证、对账和编制财务报表并进行财务分析，负责保管财务专用章，负责编制纳税申报表，组织会计档案的整理和保管，组织编制财务预算、决算，组织财产清查等。

陈小兰，成本会计，职责：负责产品成本核算，填制成本计算原始凭证，编制成本业务记账凭证，登记“生产成本”“制造费用”明细账，编制成本报表，进行成本分析等。

张小丽，总账会计，职责：负责编制除产品成本业务之外的其他业务的记账凭证，负责保管发票专用章，负责编制科目汇总表。

宋凡，出纳，职责：负责办理库存现金和银行存款收、付款业务，保管库存现金、有价证券及法人代表的人名签章，登记库存现金、银行存款日记账，配合清查人员进行库存现金、银行存款清查等。

实训要求

1. 根据实训内容中发生的经济业务正确填制原始凭证，辨认各单据的不同用途，说明各项业务中会计凭证传递的程序。

2. 对原始凭证所记载的经济业务在内容上进行审核。检查各项经济业务是否符合有关法规、政策和财经纪律、制度的规定。

3. 对原始凭证的填写情况进行审核。检查项目填写是否完整，计算是否准确，手续是否完备。

评价标准

填制的原始凭证符合规定的要求。

实训内容

湖南星城门业有限公司 2020 年 12 月发生的经济业务如下：

1. 2020 年 12 月 1 日，签发现金支票一张，提取现金 8 000 元备用。

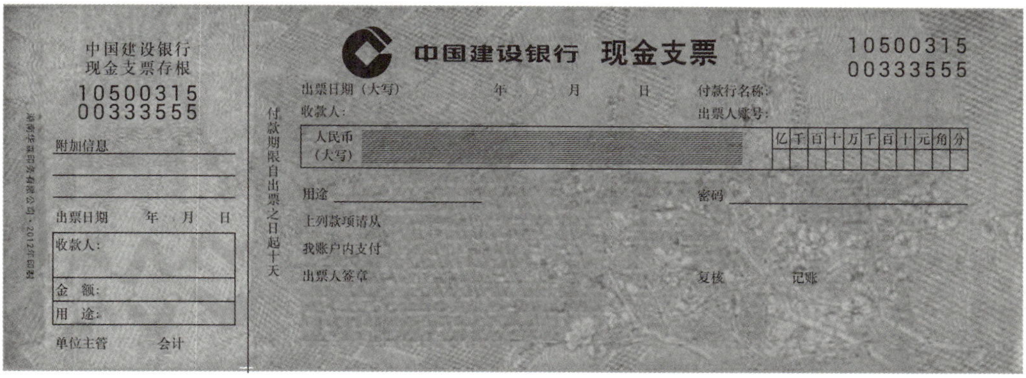

中国建设银行
现金支票存根
10500315
00333555
附加信息
出票日期 年 月 日
收款人：
金 额：
用 途：
单位主管 会计

中国建设银行 现金支票 10500315 00333555
付款期限自出票之日起十天
出票日期（大写） 年 月 日 付款行名称：
收款人： 出票人账号：
人民币（大写） 亿 千 百 十 万 千 百 十 元 角 分
用途 密码
上列款项请从
我账户内支付
出票人签章 复核 记账

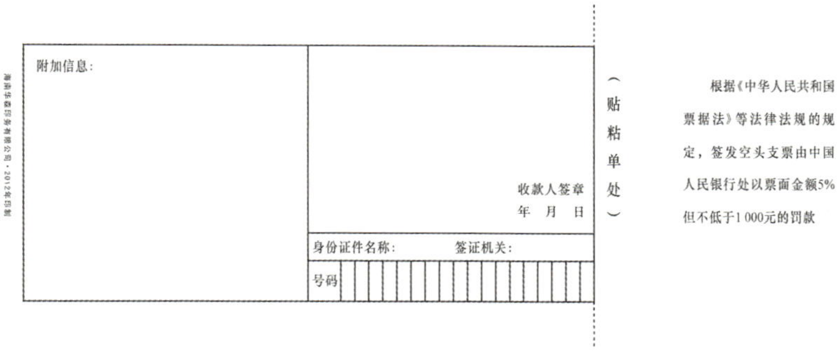

附加信息：
收款人签章
年 月 日
身份证件名称： 签证机关：
号码
（贴粘单处）
根据《中华人民共和国票据法》等法律法规的规定，签发空头支票由中国人民银行处以票面金额5%但不低于1 000元的罚款

提现申请单

收款单位			
地址		联系电话	
收款人开户行		开户账号	
内容			
大写	拾 万 仟 佰 拾 元 角 分	¥	

审批： 审核： 制表：

2. 2020 年 12 月 2 日，基本生产车间领用铝合金片(编号 0001、规格 130)10 000 米用于生产铝合金门。该材料单价为 39.9 元。

领　料　单

领料部门：

用途：　　　　　　　　　　年　月　日　　　　　　　　第 11d005 号

材料名称	编号	规格	单位	数量		单价	金额	会计联
				请领	实发			
合计								

部门经理：　　　　会计：　　　　仓库：　　　　经办人：

3. 2020 年 12 月 2 日，以现金支付职工林芳生活困难补助费 1 840 元。

领　款　凭　单

年　月　日

今　领　到

________单位________款，合计人民币

大写金额____________元整。¥________元。

审批人：　　　　　　领款人单位：

领款人(签名)：

4. 2020 年 12 月 3 日，采购铝合金片 20 000 米，货款 798 000 元，增值税额 103 740 元；采购方木 10 000 立方米，货款 189 000 元，增值税额 24 570 元；并支付运费 3 270 元（运费分配比率：铝合金片分配 2/3，方木分配 1/3），材料已验收入库，款项用银行存款支付。

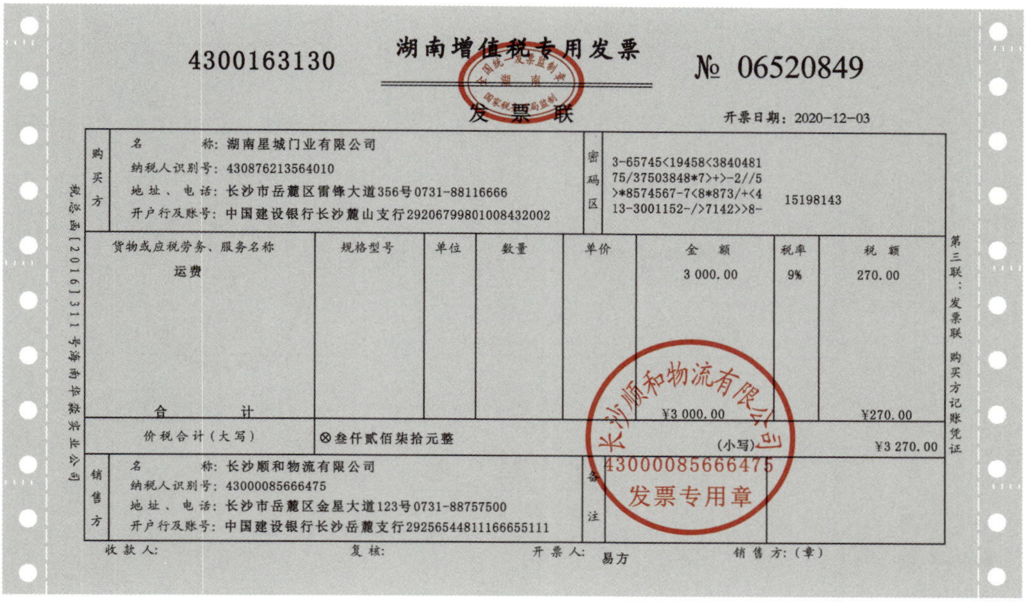
4300163130 湖南增值税专用发票 № 06520849

发票联 开票日期：2020-12-03

购买方	名称：湖南星城门业有限公司 纳税人识别号：430876213564010 地址、电话：长沙市岳麓区雷锋大道356号0731-88116666 开户行及账号：中国建设银行长沙麓山支行29206799801008432002			密码区	3-65745<19458<3840481 75/37503848*7>+>-2//5 >*8574567-7<8*873/+<4 13-3001152-/>7142>>8- 15198143		
货物或应税劳务、服务名称	规格型号	单位	数量	单价	金额	税率	税额
运费					3 000.00	9%	270.00
合计					¥3 000.00		¥270.00
价税合计（大写）	⊗叁仟贰佰柒拾元整				（小写）		¥3 270.00
销售方	名称：长沙顺和物流有限公司 纳税人识别号：430000856664475 地址、电话：长沙市岳麓区金星大道123号0731-88757500 开户行及账号：中国建设银行长沙岳麓支行29256544811166655111			备注			

收款人： 复核： 开票人：易方 销售方：（章）

税总函[2016]311号海南华森实业公司

第三联：发票联 购买方记账凭证

材料运费分摊表

年 月 日

材料名称	分配比率	运输费			其他杂费	合计
		发票额	税率	计入成本		
合计						

4300163130 **湖南增值税专用发票** № 05520955

（印章：全国统一发票监制章 湖南 国家税务局监制）

发 票 联

开票日期：2020-12-03

税总函[2016]311号海南华森实业公司

购买方	名称：湖南星城门业有限公司 纳税人识别号：430876213564010 地址、电话：长沙市岳麓区雷锋大道356号0731-88116666 开户行及账号：中国建设银行长沙麓山支行29206799801008432002				密码区	3-43646<56218<3840481 5-65745<19458<3955222 +-68465<75112<9551213 3-8945698475465351123		
货物或应税劳务、服务名称	规格型号	单位	数量	单价	金额	税率	税额	
铝合金片		米	20 000	39.90	798 000.00	13%	103 740.00	
方木		立方米	10 000	18.90	189 000.00	13%	24 570.00	
合计					987 000.00		128 310.00	
价税合计（大写）	⊗壹佰壹拾壹万伍仟叁佰壹拾元整				（小写）¥1 115 310.00			
销售方	名称：长沙顺和物流有限公司 纳税人识别号：43000085666475 地址、电话：长沙市岳麓区金星大道123号0731-88757500 开户行及账号：中国建设银行长沙岳麓支行29256544811166655111				备注			

收款人：　复核：　开票人：刘洋　销售方：（章）（印章：长沙顺和物流有限公司 发票专用章）

第三联：发票联 购买方记账凭证

收 料 单

材料科目：　　　　　　　　　　　　编　　号：

材料类别：　　　　　　　　　　　　收料仓库：

供应单位：　　　　年　月　日　　　发现号码：

材料编号	材料名称	规格	计量单位	数量		实际价格			
				应收	实收	单价	发票金额	运费	合计
备注									

采购员：　检验员：杨威　记账员：王成　保管员：申华

（邮）**中国建设银行托收承付款凭证（付款通知）** 5　第0012658号

委托日期2020年12月3日

付款人	全称	湖南星城门业有限公司	收款人	全称	长沙顺和物流有限公司	
	账号	29206799801008432002		账号	29256544811166655111	
	开户银行	中国建设银行麓山支行		开户银行	中国建设银行长沙麓山支行	行号 6178
托收金额	人民币（大写）	壹佰壹拾壹万捌仟伍佰捌拾元整		千百十万千百十元角分	¥ 1 1 1 8 5 8 0 0 0	
附件		商品发运情况		合同名称号码		
附寄单证张数或册数	4	公路				
备注：代垫运杂费3 270元		款项收妥日期　年　月　日		收款人开户行盖章　月　日		

单位主管　会计　复核　记账

（印章：中国建设银行麓山支行 20.12.03 转讫）

此联是付款人开户银行给付款人的付款通知

5. 2020 年 12 月 4 日，采购员王涛出差暂借差旅费 3 000 元，开出现金支票一张。

中国建设银行
现金支票存根
10500315
00333663

附加信息

出票日期　　年　　月　　日

收款人：

金　额：

用　途：

单位主管　　会计

海南华森印务有限公司·2012年印制

中国建设银行 现金支票　　10500315 00333553

付款期限自出票之日起十天

出票日期（大写）　　年　　月　　日　　付款行名称：

收款人：　　出票人账号：

人民币（大写）	亿	千	百	十	万	千	百	十	元	角	分

用途　　密码

上列款项请从

我账户内支付

出票人签章　　复核　　记账

海南华森印务有限公司·2012年印制

附加信息：

收款人签章
年　月　日

身份证件名称：　　签证机关：

号码

（贴粘单处）

根据《中华人民共和国票据法》等法律法规的规定，签发空头支票由中国人民银行处以票面金额5%但不低于1 000元的罚款。

借　支　单

年　月　日

借款人姓名		工作部门	
借款事由			
借款金额（大写）		¥	
领导意见		借款人签名	

会计　　出纳

6. 2020 年 12 月 4 日，行政科持发票前来报销，共计 1 130 元。出纳以现金付讫。

4300171320　　**湖南增值税专用发票**　　№ 11175576

发　票　联　　　开票日期：2020-12-03

全国统一发票监制章　国家税务总局湖南省税务局

购买方	名称：湖南星城门业有限公司 纳税人识别号：430876213564010 地址、电话：长沙市岳麓区雷锋大道356号0731-88116666 开户行及账号：中国建设银行长沙麓山支行29206799801008432002	密码区	3-65745<19458<384048175/37503848*7>+>-2//5 -7>+>-2//5>*8574567-7<8*873/+<413-3001152-/>714 2>>8->8574567-7<8*873/+<413-3001152-/>7142>>8-

货物或应税劳务、服务名称	规格型号	单位	数量	单价	金额	税率	税额
办公用品		件	20	50.00	1 000.00	13%	130.00
合计							
价税合计（大写）	⊗壹仟壹佰叁拾元整				（小写）¥1130.00		

销售方	名称：长沙兴旺达公司 纳税人识别号：43000087621357401 地址、电话：长沙市岳麓区银彬48号0731-88445687 开户行及账号：中国建设银行商学院支行29506788899655211454	备注	

收款人：　　复核：　　开票人：李蕾　　销售方：（章）

长沙兴旺达公司　430000876 21357401　发票专用章

税总函[2016]675号湖南华森实业公司

第三联：发票联　购买方记账凭证

7. 2020 年 12 月 5 日，销售木门 2 000 件，销售单价为 200 元，单位成本为 150 元/件，货款 400 000 元，增值税 52 000 元，开出增值税专用发票一张。购货方以转账支票办理货款结算，财会人员当日填写进账单送银行。（购货单位信息为华日有限责任公司，税务登记号 430601001112799，地址为长沙五一路 85 号，电话 0731-8236585，开户行为工行长沙五一路支行 051236987555868）

1401121140　　**湖南增值税专用发票**　　№ 15098137

此联不作报销、扣税凭证使用　　　开票日期：

全国统一发票监制章　国家税务总局湖南省税务局

购买方	名称： 纳税人识别号： 地址、电话： 开户行及账号：	密码区	3-65745<19458<384048175/ 37503848*7>+>-2//5> *8574567-7<8*873/+<13- 3001152-/>7142>>8-	加密版本： 011401121140 15098137

货物或应税劳务、服务名称	规格型号	单位	数量	单价	金额	税率	税额
合计							
价税合计（大写）	⊗				（小写）		

销售方	名称： 纳税人识别号： 地址、电话： 开户行及账号：	备注	

收款人：　　复核：　　开票人：张小丽　　销售方：（章）

湖南星城门业有限公司　430876213564010　发票专用章

税总函[2016]675号湖南华森实业公司

第一联：发票联　销售方记账凭证

产品出库单

仓库：一仓库　　　　年　月　日　　　　编号：

产品名称	规 格	单 位	数 量	单 价	金 额	备 注
合 计						

主管：　　　　审核：　　　　发货人：邹华

银行 进账单 （送票回执）1

年　月　日

<table>
<tr><td rowspan="3">出票人</td><td>全　称</td><td></td><td rowspan="3">收款人</td><td>全　称</td><td colspan="11"></td></tr>
<tr><td>账　号</td><td></td><td>账　号</td><td colspan="11"></td></tr>
<tr><td>开户银行</td><td></td><td>开户银行</td><td colspan="11"></td></tr>
<tr><td rowspan="2">金额</td><td colspan="4" rowspan="2">人民币
（大写）</td><td>亿</td><td>千</td><td>百</td><td>十</td><td>万</td><td>千</td><td>百</td><td>十</td><td>元</td><td>角</td><td>分</td></tr>
<tr><td></td><td></td><td></td><td></td><td></td><td></td><td></td><td></td><td></td><td></td><td></td></tr>
<tr><td>票据种类</td><td></td><td>票据张数</td><td></td><td colspan="12" rowspan="3">（银行盖章）</td></tr>
<tr><td>票据号码</td><td colspan="3"></td></tr>
<tr><td colspan="4">备注：</td></tr>
</table>

8. 2020年12月6日，王涛出差回来报销差旅费2 480元，余款520元退回。王涛为联系商品事宜出差，出差时间为2020年11月28日至2020年12月2日，出差地点为武汉，2020年11月28日乘火车到武汉，2020年12月2日乘火车返回，火车票价单程280元，出差补助每天150元，住宿标准为290元/日，市内交通费为10元，王涛出差前预支3 000元。

收款收据

年　月　日

今收到＿＿＿＿＿公司＿＿＿＿＿款 人民币（大写）＿＿＿＿＿ ￥＿＿＿＿＿	
备注	

出纳：　　　　会计：　　　　经手人：

差旅费报销单

单位名称：　　　　　　　　填报日期：　年　月　日　　　　　　　　单位：元

姓名		职级		出差事由			出差时间	计划　天 实际　天		备注
日期	起止地点		飞机、车、船票		其他费用					
月 日	起	止	类别	金额	项目		标准	计算天数	核报金额	
					住宿费	包干报销				
						限额报销				
					伙食补助费					
					车、船补助费					
					其他杂支					
小　计					小　计					
总计金额	（大写）				预支________核销________退补________					

主管：　　　　　　部门：　　　　　　审核：　　　　　　填报人：

9．2020 年 12 月 9 日，申请银行汇票。

中国建设银行（长沙麓山支行）付款通知书

2020年12月9日

机构号 03749128　　　　　　交易代码

OF-001-50X2-5000-2006

单位名称 湖南星城门业有限公司	
账号 29206799801008432002	
摘要 手续费 5.50元	
金额合计	¥5.50
金额合计（大写）	伍元五角整

中国建设银行 长沙麓山支行 2020.12.9 转讫 (01)

第二联 回单

注：此付款通知书加盖我行业务公章方有效。

流水号 0184302759672957　　　　　　经办人：王芳

付款申请书

年　月　日

用途及情况	金额											收款单位（人）：
采购材料	亿	千	百	十	万	千	百	十	元	角	分	账号：
												开户行：
金额(大写) 合计：												电汇：☐ 信汇：☐ 汇票：☐ 转账：☑ 其他：☐

总经理		财经部门	经理		业务部门	经　理	
			合计			经办人	

10. 2020年12月9日，以银行存款46 000元偿还前欠湖南江山制造厂货款。

付款申请书

年 月 日

用途及情况	金额											收款单位(人)：
采购材料	亿	千	百	十	万	千	百	十	元	角	分	账号：
												开户行：
金额(大写)合计：												电汇：□信汇：□汇票：□转账：□其他：□

总经理		财务部门	经理		业务部门	经理	
			会计			经办人	

中国建设银行
现金支票存根
10500315
00333663
附加信息
出票日期 年 月 日
收款人：
金 额：
用 途：
单位主管 会计

中国建设银行 转账支票 10500315 00333553

出票日期（大写） 年 月 日 付款行名称：
收款人： 出票人账号：

付款期限自出票之日起十天

人民币（大写）	亿	千	百	十	万	千	百	十	元	角	分

用途 密码
上列款项请从 密码
我账户内支付
出票人签章 复核 记账

⑈708960 ⑆002515713⑆ 61050002054⑈

银行 进账单 （送票回执）1

年 月 日

出票人	全 称		收款人	全 称	
	账 号			账 号	
	开户银行			开户银行	

金额	人民币（大写）	亿	千	百	十	万	千	百	十	元	角	分

票据种类		票据张数		
票据号码				
备注：				（银行盖章）

11．2020 年 12 月 9 日向湖南旺旺家具有限公司（小规模纳税人）销售木门 100 件，销售单价为 210 元，单位成本为 150 元/件，货款 21 000 元，增值税额 2 730 元，开出增值税普通发票一张，货款未收。（购货单位信息为湖南旺旺家具有限公司，社会统一信用代码 430601001112799，地址为长沙五一路 95 号，电话 0731-8256568，开户行建行长沙五一路支行 102161000701）

4300171320　　**湖南增值税普通发票**　　№ 11175576

全国统一发票监制章　湖南　国家税务总局监制

发　票　联　　　　开票日期：

购买方	名　　称： 纳税人识别号： 地址、电话： 开户行及账号：				密码区		
货物或应税劳务、服务名称	规格型号	单位	数量	单价	金　额	税率	税　额
合　　计							
价税合计（大写）					（小写）		
销售方	名　　称： 纳税人识别号： 地址、电话： 开户行及账号：				备注		

收款人：　　复核：　　开票人：　　销售方：（章）

税总函[2016]675号湖南天成印务有限公司

第一联：发票联　销售方记账凭证

4300171320　　**湖南增值税普通发票**　　№ 11175576

全国统一发票监制章　湖南　国家税务总局监制

发　票　联　　　　开票日期：

购买方	名　　称： 纳税人识别号： 地址、电话： 开户行及账号：				密码区		
货物或应税劳务、服务名称	规格型号	单位	数量	单价	金　额	税率	税　额
合　　计							
价税合计（大写）					（小写）		
销售方	名　　称： 纳税人识别号： 地址、电话： 开户行及账号：				备注		

收款人：　　复核：　　开票人：　　销售方：（章）

税总函[2016]675号湖南天成印务有限公司

第二联：发票联　购买方记账凭证

产品出库单

仓库：一仓库　　　　　　年　月　日　　　　　　编号：

产品名称	规格	单位	数量	单价	金额	备注	
合计							

主管：　　　　　　审核：　　　　　　发货人：邹华

12. 2020 年 12 月 10 日开出商业承兑汇票，支付所欠货款 10 000 元。票据到期日为 2020 年 3 月 10 日。(收款人为湖南飞杨公司，社会统一信用代码 430601001112369，地址为长沙五一路 109 号，电话 0731-82512368，开户行为建设银行长沙五一路支行 0231236987555843，行号 116)。

商业承兑汇票(存根)3

出票日期　年　月　日

(大写)　　　　　　汇票号码：11765

<table>
<tr><td rowspan="3">付款人</td><td>全　称</td><td></td><td rowspan="3">收款人</td><td>全　称</td><td colspan="12"></td></tr>
<tr><td>账　号
或 地 址</td><td></td><td>账　号
或 地 址</td><td colspan="12"></td></tr>
<tr><td>开户银行</td><td>行号</td><td>开户银行</td><td colspan="12">行号</td></tr>
<tr><td rowspan="2">出票金额</td><td rowspan="2">人民币
(大写)</td><td colspan="3" rowspan="2"></td><td>亿</td><td>千</td><td>百</td><td>十</td><td>万</td><td>千</td><td>百</td><td>十</td><td>元</td><td>角</td><td>分</td><td rowspan="4">此联出票人存根</td></tr>
<tr><td></td><td></td><td></td><td></td><td></td><td></td><td></td><td></td><td></td><td></td><td></td></tr>
<tr><td colspan="2">汇票到期日期
(大写)</td><td colspan="2"></td><td>交易合同号码</td><td colspan="11"></td></tr>
<tr><td colspan="3">备注：</td><td colspan="13"></td></tr>
</table>

13. 2020 年 12 月 10 日，收到银行承兑汇票，为湖南旺旺家具有限公司支付前期货款。

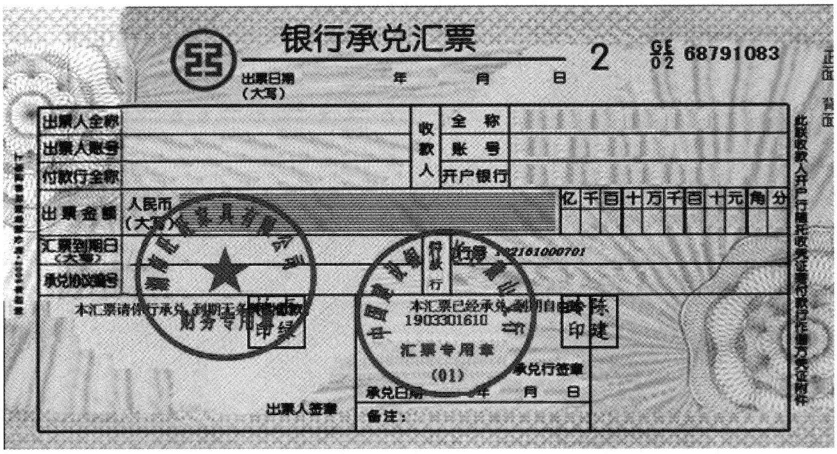

银行承兑汇票　2　GE 02 68791083

出票日期（大写）　年　月　日

出票人全称		收款人	全　称	
出票人账号			账　号	
付款行全称			开户银行	
出票金额	人民币（大写）			亿 千 百 十 万 千 百 十 元 角 分
汇票到期日（大写）		付款行	行号 102161000701	
承兑协议编号				

本汇票请你行承兑，到期无条件付款。[illegible]

财务专用章

印 绿

出票人签章

本汇票已经承兑，到期自由[illegible]

1903301610

汇票专用章 (01)

印 陈建

承兑行签章

承兑日期　年　月　日

备注：

此联收款人开户行随托收凭证寄付款行作借方凭证附件

项目三 Chapter 3

记账凭证的填制与审核实训

任务一　掌握记账凭证填制、审核的相关知识

一、记账凭证的概念和内容

记账凭证又称传票，是由会计人员根据原始凭证填制的、记载经济业务事项的书面证明，是登记会计账簿的直接依据。财会人员根据审核无误的原始凭证填制记账凭证，这是账务处理最基本的要求和程序。

记账凭证一般应具备以下几个方面的基本内容：

(1)填制单位名称和记账凭证的名称；

(2)填制凭证日期；

(3)凭证编号；

(4)经济业务内容摘要；

(5)会计科目的名称和金额；
(6)所附原始凭证的张数；
(7)记账备注，即已登记账簿的金额，应在“记账”栏内打“√”号或签章；
(8)填制凭证人员、稽核人员、记账人员、会计主管人员等签章。

二、记账凭证的分类

(1)记账凭证按使用范围的不同，分为专用记账凭证和通用记账凭证。

专用记账凭证是专门用于记录某一类经济业务的记账凭证，通用记账凭证是指不分收、付和转账业务，而将所有的经济业务事项统一填制在一张凭证内的记账凭证。

(2)记账凭证按其填制的方法不同，分为单式记账凭证和复式记账凭证。

三、记账凭证的填制要求

记账凭证的填制要求如下：
(1)必须以审核无误的原始凭证为依据；
(2)按照会计制度的规定正确填制会计科目，编制会计分录；
(3)正确选择记录凭证的种类；
(4)正确填写记账凭证的日期；
(5)记账凭证中金额的填写必须规范；
(6)记账凭证应按行次逐笔填写，不得跳行或留有空行；
(7)记账凭证应按月编号；
(8)应计算和填写所附原始凭证的张数；
(9)要有记账凭证的签名或盖章。

四、记账凭证的审核

记账凭证的审核内容包括以下几个方面：

(1)审核记账凭证的依据是否真实。审核记账凭证所附的原始凭证是否手续齐全，记账凭证与原始凭证的内容、科目、金额是否相同，即要做到证证相符；

(2)审核记账凭证的项目是否齐全；
(3)审核记账凭证使用的会计科目是否正确；
(4)审核记账凭证的金额计算是否正确；
(5)审核记账凭证的书写是否符合规定。

任务二　记账凭证的填制与审核实训操作

实训目的

使学生通过实操训练，明确记账凭证应具备的基本要素，熟悉记账凭证的填制方法和审核方法，掌握根据原始凭证填制记账凭证的基本操作技能。

实训操作规范

记账凭证的填制要求和程序：

1. 正确选择记账凭证的种类。

如果一个单位的经济业务繁杂且收、付款业务较多时，可采用专用记账凭证。如果一个单位的经济业务较简单、规模较小，或收、付款业务较少时，可采用通用记账凭证。

2. 以审核无误的原始凭证为依据填制记账凭证。

填写时要注意以下几个方面：

(1)除结账和更正错账的记账凭证可以不附原始凭证外，其余记账凭证必须附有原始凭证。

(2)填写会计科目时，应当填写会计科目的全称和二级科目，甚至三级科目，应避免多借多贷，使账户对应关系不清。

(3)要注意正确填写记账凭证的日期，付款凭证一般以财会部门付出现金或开出银行付款结算凭证的日期填写；现金收款凭证应填写收款当日的日期，银行存款收款凭证实际收款日期可能和收到该凭证的日期不一致，应按填制收款凭证的日期填写；月末计提、分配费用，进行成本计算、转账等业务应填写当月最后一天的日期。

(4)记账凭证金额必须与原始凭证金额相符，阿拉伯数字应书写规范，填写金额合计时，应在金额最高位数值前填写人民币“¥”。

(5)记账凭证应按行次逐笔填写，不得跳行或留有空行，留有的空行可用斜线或“S”线注销。

(6)记账凭证应按月编号。如果企业采用通用记账凭证，记账凭证的编号可以采用顺序编号，即每月都应按经济业务顺序从 1 号开始，统一编号；如果企业采用专用记账凭证时，则采用“字号编号法”。“字”有两种编法，一种是分收款、付款和转账三类；另一种是分现收、银收、现付、银付和转账五类。“号”的编法也有两种：一笔或几笔经济业务编制一张记账凭证时，用整数编号法顺序编号；一笔经济业务需在两张以上同类记账凭证上共同反映时，应采用分数编号法，如一笔业务需在两张记账凭证上反映，采用通用记账凭证序列号为 10 号，则第 1 张记账凭证号为 $10\frac{1}{2}$，第 2 张记账凭证

号为 $10\frac{1}{2}$。

(7)正确计算和填写所附原始凭证的张数。附件张数的计算方法有如下几种：一是以所有原始凭证的自然张数为准；二是以所附原始凭证汇总表的张数为准，但需把原始凭证作为原始凭证汇总表的附件做张数处理；三是对于汽车、火车票等外形较小的原始凭证，可粘贴在“凭证粘贴单”上，作为一张原始凭证来对待，但需在“凭证粘贴单”上注明张数和金额；四是当一张或几张原始凭证涉及几张记账凭证时，可将原始凭证附在一张主要的记账凭证后，并在摘要栏内注明“本凭证附件包括××号记账凭证业务”字样，在其他没有附原始凭证的记账凭证上注明“原始凭证附在××号记账凭证后面”的字样或附原始凭证复印件。

(8)记账凭证填制完成后，相关人员应分别签名盖章。

实训要求

根据项目二的原始凭证分别选用通用记账凭证和专业记账凭证填制记账凭证。对填制完成的记账凭证进行审核。

评价标准

1. 填制的记账凭证应符合下列要求：

(1)日期填写规范；

(2)凭证摘要简明；

(3)科目运用准确；

(4)注明所附原始凭证张数；

(5)凭证顺序编号；

(6)签章齐全。

2. 审核后的记账凭证应达到下列要求：

(1)记账凭证种类的选择恰当；

(2)记账凭证与原始凭证内容相符，附件张数正确；

(3)记账凭证的会计科目名称、方向、金额正确；

(4)记账凭证的编号连续；

(5)记账凭证的签章齐全。

实训内容

一、填写通用记账凭证

根据项目二的相关资料填写通用记账凭证如下：

记 账 凭 证

年 月 日 ____字 第____号

摘要	会计科目		借方金额										贷方金额										记账（签章）
	总账科目	明细科目	千	百	十	万	千	百	十	元	角	分	千	百	十	万	千	百	十	元	角	分	
合 计																							

附件 张

会计主管： 出纳： 审核： 制单：

记 账 凭 证

年 月 日 ____字 第____号

摘要	会计科目		借方金额										贷方金额										记账（签章）
	总账科目	明细科目	千	百	十	万	千	百	十	元	角	分	千	百	十	万	千	百	十	元	角	分	
合 计																							

附件 张

会计主管： 出纳： 审核： 制单：

记 账 凭 证

年 月 日 ____字 第____号

摘要	会计科目		借方金额										贷方金额										记账（签章）
	总账科目	明细科目	千	百	十	万	千	百	十	元	角	分	千	百	十	万	千	百	十	元	角	分	
合 计																							

附件 张

会计主管： 出纳： 审核： 制单：

记　账　凭　证

年　月　日　　　　＿＿字 第＿＿号

摘要	会计科目		借方金额										贷方金额										记账（签章）
	总账科目	明细科目	千	百	十	万	千	百	十	元	角	分	千	百	十	万	千	百	十	元	角	分	
合　计																							

附件　　张

会计主管：　　出纳：　　审核：　　制单：

记　账　凭　证

年　月　日　　　　＿＿字 第＿＿号

摘要	会计科目		借方金额										贷方金额										记账（签章）
	总账科目	明细科目	千	百	十	万	千	百	十	元	角	分	千	百	十	万	千	百	十	元	角	分	
合　计																							

附件　　张

会计主管：　　出纳：　　审核：　　制单：

记　账　凭　证

年　月　日　　　　＿＿字 第＿＿号

摘要	会计科目		借方金额										贷方金额										记账（签章）
	总账科目	明细科目	千	百	十	万	千	百	十	元	角	分	千	百	十	万	千	百	十	元	角	分	
合　计																							

附件　　张

会计主管：　　出纳：　　审核：　　制单：

记　账　凭　证

年　月　日　　　　____字 第____号

摘要	会计科目		借方金额										贷方金额										记账（签章）
	总账科目	明细科目	千	百	十	万	千	百	十	元	角	分	千	百	十	万	千	百	十	元	角	分	
合　计																							

附件　张

会计主管：　　出纳：　　审核：　　制单：

记　账　凭　证

年　月　日　　　　____字 第____号

摘要	会计科目		借方金额										贷方金额										记账（签章）
	总账科目	明细科目	千	百	十	万	千	百	十	元	角	分	千	百	十	万	千	百	十	元	角	分	
合　计																							

附件　张

会计主管：　　出纳：　　审核：　　制单：

记　账　凭　证

年　月　日　　　　____字 第____号

摘要	会计科目		借方金额										贷方金额										记账（签章）
	总账科目	明细科目	千	百	十	万	千	百	十	元	角	分	千	百	十	万	千	百	十	元	角	分	
合　计																							

附件　张

会计主管：　　出纳：　　审核：　　制单：

记 账 凭 证

年 月 日　　　　____字 第____号

摘要	会计科目		借方金额										贷方金额										记账（签章）
	总账科目	明细科目	千	百	十	万	千	百	十	元	角	分	千	百	十	万	千	百	十	元	角	分	
合 计																							

附件　张

会计主管：　　出纳：　　审核：　　制单：

记 账 凭 证

年 月 日　　　　____字 第____号

摘要	会计科目		借方金额										贷方金额										记账（签章）
	总账科目	明细科目	千	百	十	万	千	百	十	元	角	分	千	百	十	万	千	百	十	元	角	分	
合 计																							

附件　张

会计主管：　　出纳：　　审核：　　制单：

记 账 凭 证

年 月 日　　　　____字 第____号

摘要	会计科目		借方金额										贷方金额										记账（签章）
	总账科目	明细科目	千	百	十	万	千	百	十	元	角	分	千	百	十	万	千	百	十	元	角	分	
合 计																							

附件　张

会计主管：　　出纳：　　审核：　　制单：

记 账 凭 证

年 月 日　　　　____字 第____号

摘要	会计科目		借方金额										贷方金额										记账（签章）
	总账科目	明细科目	千	百	十	万	千	百	十	元	角	分	千	百	十	万	千	百	十	元	角	分	
合计																							

附件　张

会计主管：　　出纳：　　审核：　　制单：

记 账 凭 证

年 月 日　　　　____字 第____号

摘要	会计科目		借方金额										贷方金额										记账（签章）
	总账科目	明细科目	千	百	十	万	千	百	十	元	角	分	千	百	十	万	千	百	十	元	角	分	
合计																							

附件　张

会计主管：　　出纳：　　审核：　　制单：

记 账 凭 证

年 月 日　　　　____字 第____号

摘要	会计科目		借方金额										贷方金额										记账（签章）
	总账科目	明细科目	千	百	十	万	千	百	十	元	角	分	千	百	十	万	千	百	十	元	角	分	
合计																							

附件　张

会计主管：　　出纳：　　审核：　　制单：

二、填写专用记账凭证

根据项目二的资料填写专用记账凭证如下：

收　款　凭　证

年　月　日　　　　　　　　　____字 第____号

摘要	贷方科目			借方金额										记账（签章）
	总账科目	明细科目	三级科目	千	百	十	万	千	百	十	元	角	分	
合　计														

附件　张

会计主管：　　　　出纳：　　　　审核：　　　　制单：

收　款　凭　证

年　月　日　　　　　　　　　____字 第____号

摘要	贷方科目			借方金额										记账（签章）
	总账科目	明细科目	三级科目	千	百	十	万	千	百	十	元	角	分	
合　计														

附件　张

会计主管：　　　　出纳：　　　　审核：　　　　制单：

收　款　凭　证

年　月　日　　　　　　　　____字 第____号

摘要	贷方科目			借方金额										记账（签章）
	总账科目	明细科目	三级科目	千	百	十	万	千	百	十	元	角	分	
合　计														

附件　张

会计主管：　　　　出纳：　　　　审核：　　　　制单：

收　款　凭　证

年　月　日　　　　　　　　____字 第____号

摘要	贷方科目			借方金额										记账（签章）
	总账科目	明细科目	三级科目	千	百	十	万	千	百	十	元	角	分	
合　计														

附件　张

会计主管：　　　　出纳：　　　　审核：　　　　制单：

收　款　凭　证

年　月　日　　　　　　　　____字 第____号

摘要	贷方科目			借方金额										记账（签章）
	总账科目	明细科目	三级科目	千	百	十	万	千	百	十	元	角	分	
合　计														

附件　张

会计主管：　　　　出纳：　　　　审核：　　　　制单：

收 款 凭 证

年 月 日 ____字 第____号

摘要	货方科目			借方金额										记账（签章）
	总账科目	明细科目	三级科目	千	百	十	万	千	百	十	元	角	分	
合 计														

附件 张

会计主管： 出纳： 审核： 制单：

收 款 凭 证

年 月 日 ____字 第____号

摘要	货方科目			借方金额										记账（签章）
	总账科目	明细科目	三级科目	千	百	十	万	千	百	十	元	角	分	
合 计														

附件 张

会计主管： 出纳： 审核： 制单：

收 款 凭 证

年 月 日 ____字 第____号

摘要	货方科目			借方金额										记账（签章）
	总账科目	明细科目	三级科目	千	百	十	万	千	百	十	元	角	分	
合 计														

附件 张

会计主管： 出纳： 审核： 制单：

收　款　凭　证

年　月　日　　　　　　　　____字 第____号

摘要	货方科目			借方金额										记账（签章）
	总账科目	明细科目	三级科目	千	百	十	万	千	百	十	元	角	分	
合　计														

附件　　张

会计主管：　　　　出纳：　　　　审核：　　　　制单：

收　款　凭　证

年　月　日　　　　　　　　____字 第____号

摘要	货方科目			借方金额										记账（签章）
	总账科目	明细科目	三级科目	千	百	十	万	千	百	十	元	角	分	
合　计														

附件　　张

会计主管：　　　　出纳：　　　　审核：　　　　制单：

收　款　凭　证

年　月　日　　　　　　　　____字 第____号

摘要	货方科目			借方金额										记账（签章）
	总账科目	明细科目	三级科目	千	百	十	万	千	百	十	元	角	分	
合　计														

附件　　张

会计主管：　　　　出纳：　　　　审核：　　　　制单：

收 款 凭 证

年　月　日　　　　____字 第____号

摘要	贷方科目			借方金额										记账（签章）
	总账科目	明细科目	三级科目	千	百	十	万	千	百	十	元	角	分	
合　计														

附件　张

会计主管：　　出纳：　　审核：　　制单：

转 账 凭 证

年　月　日　　　　____字 第____号

摘要	会计科目		借方金额										贷方金额										记账（签章）
	总账科目	明细科目	千	百	十	万	千	百	十	元	角	分	千	百	十	万	千	百	十	元	角	分	
合　计																							

附件　张

会计主管：　　出纳：　　审核：　　制单：

转 账 凭 证

年　月　日　　　　____字 第____号

摘要	会计科目		借方金额										贷方金额										记账（签章）
	总账科目	明细科目	千	百	十	万	千	百	十	元	角	分	千	百	十	万	千	百	十	元	角	分	
合　计																							

附件　张

会计主管：　　出纳：　　审核：　　制单：

转　账　凭　证

年　月　日　　　　____字 第____号

摘要	会计科目		借方金额										贷方金额										记账（签章）
	总账科目	明细科目	千	百	十	万	千	百	十	元	角	分	千	百	十	万	千	百	十	元	角	分	
合　计																							

附件　张

会计主管：　　出纳：　　审核：　　制单：

转　账　凭　证

年　月　日　　　　____字 第____号

摘要	会计科目		借方金额										贷方金额										记账（签章）
	总账科目	明细科目	千	百	十	万	千	百	十	元	角	分	千	百	十	万	千	百	十	元	角	分	
合　计																							

附件　张

会计主管：　　出纳：　　审核：　　制单：

转　账　凭　证

年　月　日　　　　____字 第____号

摘要	会计科目		借方金额										贷方金额										记账（签章）
	总账科目	明细科目	千	百	十	万	千	百	十	元	角	分	千	百	十	万	千	百	十	元	角	分	
合　计																							

附件　张

会计主管：　　出纳：　　审核：　　制单：

转 账 凭 证

年 月 日　　　　____字 第____号

摘要	会计科目		借方金额										贷方金额										记账（签章）
	总账科目	明细科目	千	百	十	万	千	百	十	元	角	分	千	百	十	万	千	百	十	元	角	分	
合 计																							

附件　　张

会计主管：　　出纳：　　审核：　　制单：

转 账 凭 证

年 月 日　　　　____字 第____号

摘要	会计科目		借方金额										贷方金额										记账（签章）
	总账科目	明细科目	千	百	十	万	千	百	十	元	角	分	千	百	十	万	千	百	十	元	角	分	
合 计																							

附件　　张

会计主管：　　出纳：　　审核：　　制单：

转 账 凭 证

年 月 日　　　　____字 第____号

摘要	会计科目		借方金额										贷方金额										记账（签章）
	总账科目	明细科目	千	百	十	万	千	百	十	元	角	分	千	百	十	万	千	百	十	元	角	分	
合 计																							

附件　　张

会计主管：　　出纳：　　审核：　　制单：

转　账　凭　证

年　月　日　　　　____字 第____号

摘要	会计科目		借方金额										贷方金额										记账（签章）
	总账科目	明细科目	千	百	十	万	千	百	十	元	角	分	千	百	十	万	千	百	十	元	角	分	
合　计																							

附件　张

会计主管：　　　出纳：　　　审核：　　　制单：

转　账　凭　证

年　月　日　　　　____字 第____号

摘要	会计科目		借方金额										贷方金额										记账（签章）
	总账科目	明细科目	千	百	十	万	千	百	十	元	角	分	千	百	十	万	千	百	十	元	角	分	
合　计																							

附件　张

会计主管：　　　出纳：　　　审核：　　　制单：

转　账　凭　证

年　月　日　　　　____字 第____号

摘要	会计科目		借方金额										贷方金额										记账（签章）
	总账科目	明细科目	千	百	十	万	千	百	十	元	角	分	千	百	十	万	千	百	十	元	角	分	
合　计																							

附件　张

会计主管：　　　出纳：　　　审核：　　　制单：

转 账 凭 证

年 月 日 ____字第____号

摘要	会计科目		借方金额										贷方金额										记账（签章）
	总账科目	明细科目	千	百	十	万	千	百	十	元	角	分	千	百	十	万	千	百	十	元	角	分	
合 计																							

附件 张

会计主管： 出纳： 审核： 制单：

项目四 Chapter 4

账簿的登记实训

任务一　掌握账簿登记的相关知识

一、账簿的概念

账簿是指以会计凭证为依据，由具有专门格式并相互联系的账页组成，用来序时、分类地记录经济业务的会计簿籍。

二、账簿的分类

(1)账簿按其用途不同，可分为序时账簿、分类账簿和备查账簿，具体如图 4-1 所示。

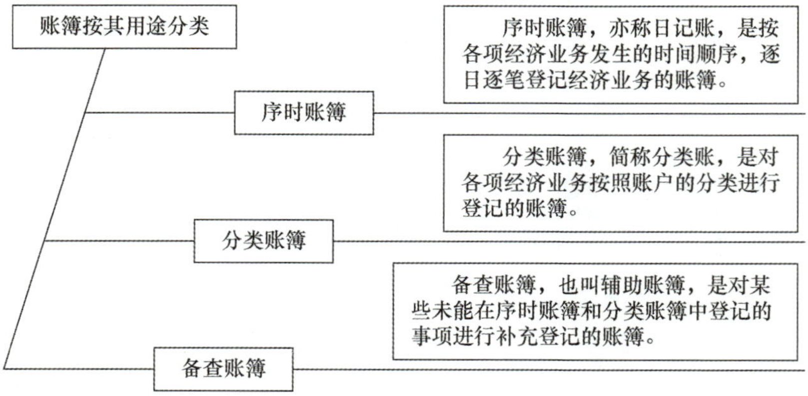

图 4-1　账簿按其用途分类

(2)账簿按其外表形式不同，可分为订本式账簿、活页式账簿和卡片式账簿，具体如图 4-2 所示。

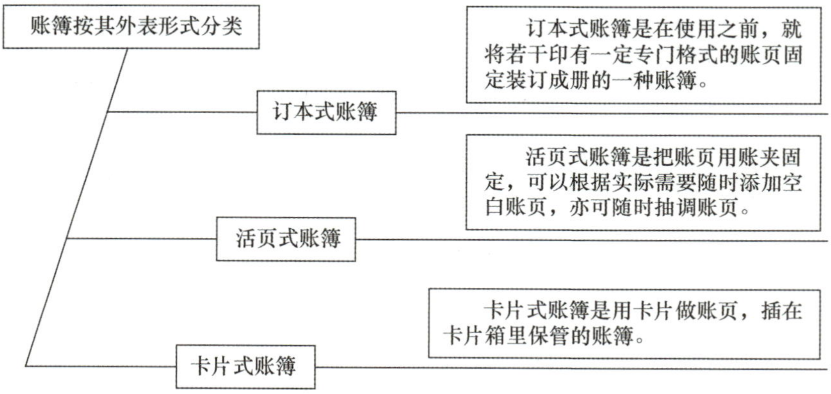

图 4-2　账簿按其外表形态分类

(3)账簿按其账页格式不同，可分为三栏式账簿、多栏式账簿和数量金额式账簿，具体如图 4-3 所示。

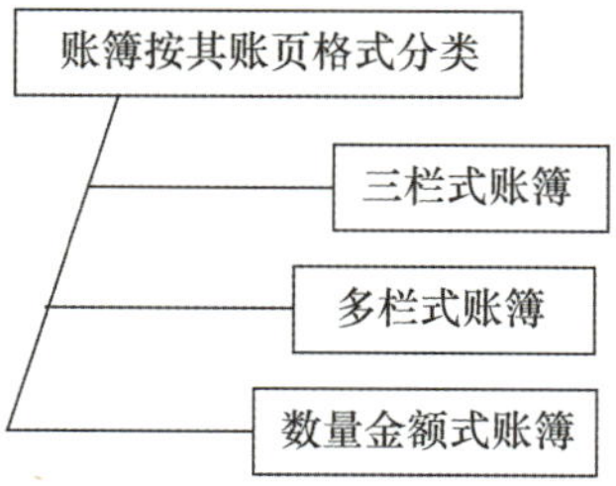

图 4-3　账簿按其账页格式分类

三、账簿的设置与分类

账簿的设置与分类如图 4-4 所示。

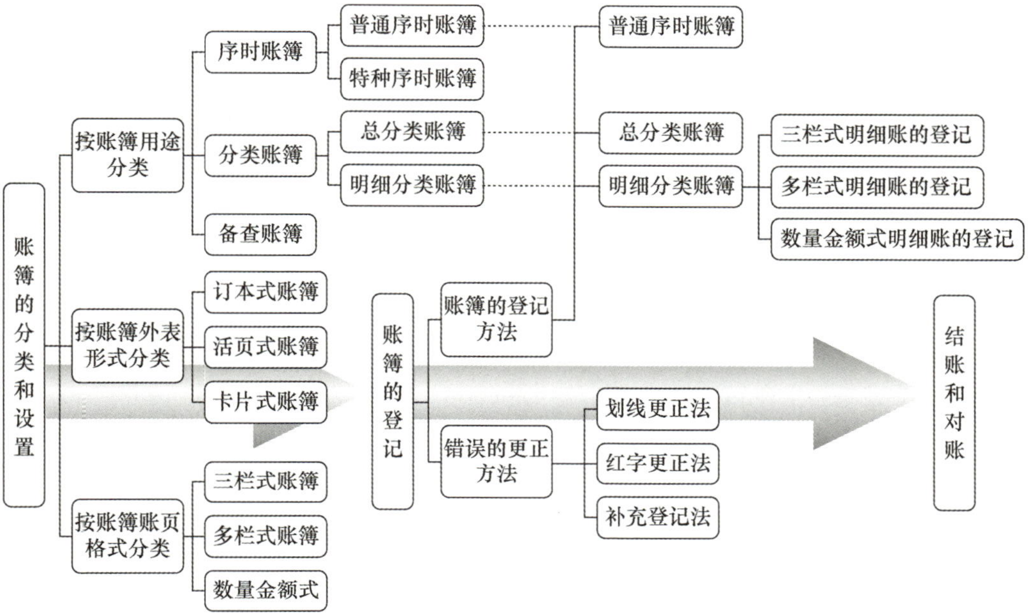

图 4-4　账簿的设置与分类

任务二　账簿登记的实训操作

实训目的

使学生通过实操训练，熟悉各类账簿的格式和记账的规则，掌握各种类账簿的登记以及更正错账和结账的方法。

实训操作规范

一、账簿的设置与登记技术

账簿的设置，包括确定账簿的种类、数量，设计账簿的内容和格式。账簿的设置既要避免重复烦琐，又要防止过于简化。一般常用的账簿有现金日记账、银行存款日记账、总分类账、明细分类账及其他辅助性账簿。登记账簿时应注意以下几点：

(1)日记账要按经济业务发生的时间先后顺序逐日逐笔进行登记，并做到日清月结；总分类账与明细分类账应当进行平行登记。

(2)记账要用蓝、黑墨水钢笔书写，不能用圆珠笔(银行的复写账簿除外)和铅笔记账。

(3)记账除结账、改错、冲销账簿记录外，不能用红色墨水。

(4)记账时应按账户页次顺序逐页进行登记，不得跳行、隔页，如发生跳行、隔页时应在空行、空页处用红色墨水笔划线注销，在“摘要”栏内注明“此行空白”或“此页空白”，并由注销人签章。

(5)各账户在一张账页记满时，要在该账页的最后一行加计发生额合计数并结出余额，同时，在“摘要”栏注明“过次页”，然后再把发生额合计数和余额填到下一页的第一行内，并在“摘要”栏注明“承前页”。

(6)记账后，要在记账凭证上划“√”，表示已经登记入账。

(7)期末有余额的账户，应在账簿的“借”或“贷”栏内写明“借”或“贷”，没有余额的，应在“借”或“贷”栏内写“平”字，并在“余额”栏内填写“Q”。

二、现金、银行存款日记账的设置与登记

现金、银行存款日记账由出纳人员根据审核无误的记账凭证逐日、逐笔、序时登记。现金日记账按库存现金币种设置，采用订本账，账页一般是三栏式。在登记现金日记账时应注意：所记载的内容如日期、编号、摘要、金额等，必须与会计凭证一致；要做到日清月结，必须每天结出当日收入和付出的发生额合计，每天结出余额，并且与库存现金核对一致。银行存款日记账按不同开户银行和存款的币种设置，采用订本式账簿，账页一般采用三栏式，在登记银行存款日记账时应注意：所记载的经济业务内容必须同会计凭证一致；每月结出余额，定期与银行对账单核对。

三、总分类账、明细分类账的设置与登记

总分类账简称总账，根据单位设置的总账科目开设账簿，采用订本式账簿，账页格式一般采用三栏。登记总账，可以直接根据记账凭证登记，也可以把记账凭证先进行汇总，编制“汇总记账凭证”或“科目汇总表”后再据以登记总账。

明细分类账是根据会计制度要求及各单位管理要求设置，常见的明细分类账格式有三栏式、数量金额式和多栏式，通常采用活页式账簿。

各种明细账要根据原始凭证、原始凭证汇总表和记账凭证每天进行登记，也可以定期登记。但债权明细分类账和财产物资明细账应当每天登记，以便随时与对方单位结算，核对库存余额。

总分类账与其所属的明细分类账所反映的会计事项是相同的，为了使总分类账与

其所属的明细分类账之间能起到统驭与补充的作用，必须采用平行登记的方法。平行登记具体表现为：同时登记，即对每项经济业务，要根据会计凭证，一方面在有关的总分类账中进行总括登记，另一方面要在有关的明细分类账中进行明细登记；同方向登记，即登记总分类账户及所属的明细分类账户时，借贷记账方向必须一致；同金额登记，即对每一项经济业务，记入总分类账户的金额必须与记入其所属明细分类账户的金额之和相等。

模拟实训企业期初金额

假设湖南星城门业有限公司2020年初部分总账和明细账的金额如下：

现金日记账余额为：10 200.00元

银行存款日记账余额为：420 6800.00元

原材料总账余额为：2 089 852.00元；其中，铝合金片明细为20 100米、单价为39.9元、金额为801 990.00元

应付账款总账余额为：586 220.00元；其中，应付湖南江山制造厂货款为46 000.00元

实训要求

(1)开设现金日记账和银行存款日记账，并根据项目三的记账凭证(选用通用记账凭证登记的方法)登记现金和银行存款日记账。

(2)开设原材料的甲材料明细账和应付账款应付湖南江山制造厂的明细账，并根据项目二的原始凭证和项目三的记账凭证登记该明细账。

(3)根据项目三的记账凭证(选用通用记账凭证登记的方法)编制2020年1月份前10天的科目汇总表。

(4)开设现金总账、银行存款总账、原材料总账、应付账款总账，根据科目汇总表登记这些总账。

评价标准

账簿登记要符合记账规则，清晰、整洁，数字要正确无误。

实训内容

开设并填制日记账、明细账，编制科目汇总表，登记各类总账

现金日记账

第____页

年		凭证		对方科目	摘要	现金支票号码	借方									贷方									√	余额								
月	日	字	号				百	十	万	千	百	十	元	角	分	百	十	万	千	百	十	元	角	分		百	十	万	千	百	十	元	角	分

银行存款日记账

第____页

年		凭证		对方科目	摘要	支票		借方									贷方									√	余额								
月	日	字	号			种类	号码	百	十	万	千	百	十	元	角	分	百	十	万	千	百	十	元	角	分		百	十	万	千	百	十	元	角	分

总分类账

部第________页

分第________页

会计科目或编号____

年		凭证		摘要	借方									贷方									√	余额								
月	日	字	号		百	十	万	千	百	十	元	角	分	百	十	万	千	百	十	元	角	分		百	十	万	千	百	十	元	角	分

总分类账

部第＿＿＿＿页
分第＿＿＿＿页
会计科目或编号＿＿

年		凭证		摘要	借方									贷方									√	余额								
月	日	字	号		百	十	万	千	百	十	元	角	分	百	十	万	千	百	十	元	角	分		百	十	万	千	百	十	元	角	分

总分类账

部第________页
分第________页
会计科目或编号____

年		凭证		摘要	借方									贷方									√	余额								
月	日	字	号		百	十	万	千	百	十	元	角	分	百	十	万	千	百	十	元	角	分		百	十	万	千	百	十	元	角	分

总分类账

部第________页

分第________页

会计科目或编号____

年		凭证		摘要	借方									贷方									√	余额								
月	日	字	号		百	十	万	千	百	十	元	角	分	百	十	万	千	百	十	元	角	分		百	十	万	千	百	十	元	角	分

凭证	号至　号	张
凭证	号至　号	张
凭证	号至　号	张

科目汇总表

年　月　日至　日　　　　第____号

会计科目	本期发生额																					
	借方金额										账页或√	贷方金额										账页或√
	千	百	十	万	千	百	十	元	角	分		千	百	十	万	千	百	十	元	角	分	
合　　计																						

会计主管：　　　　复核：　　　　记账：　　　　制单：

月	日	进价	调拨价	批发价	零售价

明细分类账

总第＿＿＿＿页

分第＿＿＿＿页

编号＿＿＿＿

产地＿＿＿＿ 单位＿＿＿＿ 规格＿＿＿＿

年		凭证		摘要	借(增加)方											贷(减少)方											金额											√
					数量	单价	金额									数量	单价	金额									数量	单价	金额									
月	日	字	号				百	十	万	千	百	十	元	角	分			百	十	万	千	百	十	元	角	分			百	十	万	千	百	十	元	角	分	

项目五 Chapter 5
财产清查实训

任务一　掌握财产清查的相关知识

一、财产清查的概念

财产清查，是通过对会计核算单位的货币资金、存货、固定资产、债权、债务、有价证券等的盘点或核对，查明其实际结存数与账面结存数是否相符，并查明账实不符的原因的一种会计核算方法。

二、财产物资账实不符的原因

财产物资账实不符的原因，见表 5-1。

表 5-1　财产物资账实不符的原因

财产物资账实不符的原因	
(1)	在收发各项物资时，由于计量不准确，导致其数量或质量出现差错
(2)	在财产物资的保管过程中，发生了自然损耗
(3)	在管理和核算方面，由于手续不健全或制度上的不严密，发生了计算上或登记上的错误
(4)	由于管理不善或工作人员失职而造成了财产物资的毁损和短缺
(5)	由于不法分子的贪污盗窃等行为而导致了财产物资的损失
(6)	在结算过程中，由于未达账项等原因而造成的核算单位账面资金与实际不符

三、财产物资的盘存制度

财产物资的盘存制度分为永续盘存制（又称为账面盘存制）和实地盘存制（又称为定期盘存制）两种。

四、财产清查常用的方法

(1)实地盘点法；
(2)技术推算法；
(3)抽样盘点法；
(4)询证核对法。

五、实物清查三步骤

(1)进行财产物资的盘点时，有关财产物资的保管人员必须在场；

(2)对各项财产物资的盘点结果，应逐一填制"盘存单"，并同账面余额记录核对，盘点结果有以下三种情况：

盘存结果①：实存数>账存数，称盘盈；

盘存结果②：实存数<账存数，称盘亏；

盘存结果③：实存数=账存数，称账实相符。

对于盘存结果①②出现的账实不符，需要进行账务处理，调整账存数，使其与实存数一致，保证账实相符。

(3)确认盘亏或盘盈数，填制"实存账存对比表"，作为调整账面记录的原始凭证。

六、财产清查的内容和方法

(一)货币资金的清查。货币资金的清查主要包括对现金和银行存款的清查。现金的清查主要是采用实地盘点的方法。即通过对库存现金的实地盘点数与现金日记账余额相核对，以查明库存现金是否账实相符。银行存款的清查主要是采取存款单位与其开户银行核对账目的方法进行，即将本单位的银行存款日记账与开户银行对账单进行逐笔核对，以查明账实是否相符。

(2)存货的清查一般采用实地盘点法。

(3)固定资产的清查一般采用实地盘点法。

(4)应收、应付款主要采用"询证核对法"进行清查，即采取和对方单位核对账目的方法。

任务二　财产清查实训操作

实训目的

使学生通过实操训练，进一步掌握库存现金及有价证券、银行存款、债权债务、实物资产的清查方法及其账务处理。

实训要求

根据以上资料进行财产清查的有关账务处理。

评价标准

能够正确地进行财产清查的核算处理。

实训内容

一、现金及有价证券清查方法及其账务处理

湖南星城门业有限公司某日对现金和有价证券进行实地盘点，发现现金长款 1 000 元，企业上月临时购进的 C 公司短期债券短缺 2 000 元。经反复核查，长款未查明原因，短期债券短缺系出纳的责任，应由其赔偿。

要求：为公司编制会计分录。

二、银行存款清查方法及其账务处理

湖南星城门业有限公司 2020 年 12 月末，银行存款日记账余额为 432 000 元，而银行对账单的余额为 433 800 元，经双方核对查明，是由于下列未达账项原因所致：

(1)公司于 12 月 28 日收到某单位转账支票一张计 98 800 元，公司已作为存款的增加，银行尚未入账。

(2)公司于 12 月 29 日开出转账支票支付钢材款 50 900 元，公司已作为存款的减少，收款单位尚未到银行办理转账。

(3)银行于 12 月 30 日收到某单位汇给公司的货款 50 000 元，银行已作为公司存款的增加，公司尚未收到收款通知。

(4)银行于 12 月 30 日扣除借款利息 300 元，公司尚未收到付款通知。

要求：根据上述未达账项为公司项编制“银行存款余额调节表”。

银行存款余额调节表

2020 年 12 月 31 日　　　　单位：元

项目	金额	项目	金额
银行存款日记账余额		银行对账单余额	
加：银行已收而企业未收的款项		加：企业已收而银行未收的款项	
减：银行已付而企业未付的款项		减：企业已付而银行未付的款项	
调整后的余额		调整后的余额	

需要说明的是，调整账面余额并不是更改账簿记录，调整后的余额是本单位可以动用的银行存款实有数。对于银行已经入账而本单位尚未入账的未达账项不做账务处理，应在收到有关原始凭证之后，才能据以编制记账凭证登记入账。

三、各种债权债务清查方法及其账务处理

湖南星城门业有限公司在财产清查中，通过询证查明：应收华兴公司的货款 8 800 元，因其公司注销，确实无法收回，报经批准，列为坏账；应付中南电机厂的 7 200 元账款，因该单位已解散，确实无法支付，经批准转作营业外收入。

要求：为公司编制会计分录。

四、实物资产清查方法及账务处理

1. 湖南星城门业有限公司在财产清查中，对原材料仓库进行全面盘点。通过实地盘点，发现账外铝合金片 350 米，价值 14 000 元；方木亏损 2 500 元。经查明，铝合金片盘盈系计量仪器不准，出现计量误差累计所致；方木的亏损，500 元为定额内的自然损耗，另 2 000 元为管理不善所造成，属于保管员李四的责任。

2. 湖南星城门业有限公司在财产清查中，发现账外机器一台，其重置价值为4 800 元，估计折旧为 1 000 元；发现盘亏设备一台，其原价为 8 000 元，已提折旧 1 500 元。

要求：(1)为公司编制会计分录；(2)填制实存账存对比表。

实存账存对比表

年　月　日　　　　　　　　单位：元

编号	名称规格	实存		账存		对比情况				备注
						盘盈		盘亏		
		数量	金额	数量	金额	数量	金额	数量	金额	

盘盈盘亏原因：

审批意见：

会计主管：　　　　保管员：　　　　记账：　　　　制单：

项目六　Chapter 6
会计报表的编制实训

任务一　掌握会计报表编制的相关知识

一、会计报表的概念和内容

会计报表是反映企事业等单位财务状况和经营成果的总结性书面文件。它的内容包括资产负债表、利润表和现金流量表。

(1)资产负债表用来反映企业在某一特定日期的财务状况。

(2)利润表用来反映企业在一定会计期间的经营成果。

(3)现金流量表用来反映企业在一定会计期间现金和现金等价物流入和流出的状况。

二、资产负债表的编制方法

资产负债表是通过资产、负债和所有者权益这三个会计要素来反映企业某一特定时期的财务状况的。资产负债表的编制基础是“资产＝负债＋所有者权益”这一会计恒等式。

(1)资产负债表表首需填列的内容有以下几项。

①编制单位：编制单位的书写应与企业在工商局登记的名称一致，并加盖行政公章(注意：不能盖财务公章)。

②编制时间：编制时间应填列资产负债表的时间(注意：不能填写编表时间)。

(2)资产负债表正表的内容与填列方法。

资产负债表是按项目分项列示的，各项目均需填列“年初数”和“期末数”两栏。

①各项目“年初数”：应根据上年末资产负债表的“期末数”栏内数字填列；

②各项目“期末数”：可为月末、季末或年末的数字。

资产负债表各项目的数字应根据企业或会计主体期末总分类账户或明细分类账户的余额直接填列，或进行分析、加工、处理后填列。其资料来源于以下几个方面：

(1)直接根据总账科目的余额填列；

(2)根据几个总账科目的余额计算填列；

(3)根据有关明细账余额计算填列；

(4)根据总账和明细账两者的余额分析计算填列；

(5)根据有关表内项目计算填列。

三、利润表的编制方法

利润表又称损益表，是反映企业在一定期间(月度、季度、半年度、年度)收入、费用和经营成果情况的会计报表，是一种动态会计报表。

利润表按月编制。表中“上期金额”栏内各项数字，应根据上期利润表“本期金额”栏内所列数字填列。

利润表具体填列方法见表 6-1。

表 6-1　　利润表的具体填列方法

利润表的具体填列方法	
编制方法	适用项目
直接根据总账发生额填列	“税金及附加”“销售费用”“管理费用”“研发费用”“财务费用”“资产减值损失”“公允价值变动收益”“其他收益”“信用减值损失”“资产处置收益”“投资收益”“营业外收入”“营业外支出”“所得税费用”
根据账户发生额相抵计算填列	“营业收入”“营业成本”
按表中顺序计算得出、填列	“营业利润”“利润总额”“净利润”

任务二 会计报表的编制实训操作

实训目的

财务会计报表是综合反映企业某一特定日期的资产、负债和所有者权益状况，以及某一特定时期的经营成果和现金流动情况的书面文件。财务会计报表按其反映的经济内容的不同可以分为资产负债表、利润表、现金流量表和所有者权益变动表。通过本次实操训练，学生可进一步熟悉资产负债表和利润表的格式和内容，掌握它们的基本编制方法。

实训要求

编制湖南星城门业有限公司 2020 年 12 月份的资产负债表和利润表各一份。资产负债表的年初余额及期末余额应根据总账及明细账的相关余额填列，利润表应该根据损益类账户的发生额填列。

评价标准

编制的报表内容要完整，数字要正确，格式要标准，书写要清晰。

实训内容

一、资产负债表的编制

湖南星城门业有限公司 2020 年有关总账账户余额见表 6-2。

表 6-2　　湖南星城门业有限公司 2020 年有关总账账户余额

单位：元

账户名称	借方余额		贷方余额	
	年初余额	12 月月末余额	年初余额	12 月月末余额
库存现金	30 724	16 400		
银行存款	642 088	841 360		
交易性金融资产	140 000			

续表

账户名称	借方余额		贷方余额	
	年初余额	12月月末余额	年初余额	12月月末余额
应收账款	4 680	420 000		
其他应收款	1 600	8 600		
材料采购		24 000		
原材料	96 360	56 000		
库存商品	1 226 000	968 000		
生产成本	5 880			
预付账款	100			
长期股权投资	120 000	120 000		
固定资产	1 297 114	1 297 114		
累计折旧			263 654	373 508
无形资产	40 000	36 000		
短期借款			40 600	
应付账款			350 000	366 000
应付职工薪酬			13 080	16 600
应交税费			208 082	224 374
其他应付款			200	
应付利息			47 300	
长期借款			221 752	232 528
实收资本			2 000 000	2 000 000
资本公积			200 000	242 000
盈余公积			158 252	231 364
利润分配			101 626	101 100
合计	3 604 546	3 787 474	3 604 546	3 787 474

注：应收账款、预付账款、应付账款、预收账款的明细账余额方向与总账方向相同。

资产负债表

会企 01 表

编制单位： 年 月 日 单位：元

资产	期末余额	年初余额	负债及所有者权益（或股东权益）	期末余额	年初余额
流动资产：			流动负债：		
货币资金			短期借款		
交易性金融资产			交易性金融负债		
衍生金融资产			衍生金融负债		
应收票据			应付票据		
应收账款			应付账款		
预付款项			预收款项		
其他应收款			合同负债		
存货			应付职工薪酬		
合同资产			应交税费		
持有待售资产			其他应付款		
一年内到期的非流动资产			持有待售负债		
其他流动资产			一年内到期的非流动负债		
流动资产合计			其他流动负债		
非流动资产：			流动负债合计		
债权投资			非流动负债：		
其他债权投资			租赁负债		
长期应收款			长期借款		
长期股权投资			应付债券		
其他权益工具投资			其中：优先股		
其他非流动金融资产			永续债		
投资性房地产			长期应付款		
固定资产			预计负债		
在建工程			递延收益		
生产性生物资产			递延所得税负债		
使用权资产			其他非流动负债		
油气资产			非流动负债合计		
无形资产			负债合计		

续表

资产	期末余额	年初余额	负债及所有者权益(或股东权益)	期末余额	年初余额
开发支出			所有者权益(或股东权益):		
商誉			实收资本(或股本)		
长期待摊费用			其他权益工具		
递延所得税资产			其中:优先股		
其他非流动资产			永续债		
非流动资产合计			资本公积		
			减:库存股		
			其他综合收益		
			盈余公积		
			未分配利润		
			所有者权益(或股东权益)合计		
资产总计			负债和所有者权益(或股东权益)总计		

二、利润表的编制

湖南星城门业有限公司2020年有关损益类账户发生额见表6-3。

表6-3　　湖南星城门业有限公司2020年有关损益类账户发生额

单位:元

账户名称	借方发生额		贷方发生额	
	1-11月累计发生额	12月发生额	1-11月累计发生额	12月发生额
主营业务收入			11 632 552	1 257 504
主营业务成本	10 518 346	1 137 054		
税金及附加	37 390	3 500		
销售费用	65 564	17 460		
管理费用	171 000	14 640		
财务费用	12 000			
投资收益				17 600
营业外收入			4 000	
营业外支出	3 400	1 000		

利 润 表

会企 02 表

编制单位： 年 月 日 单位：元

项目	本期金额	上期金额
一、营业收入		
减：营业成本		
税金及附加		
销售费用		
管理费用		
研发费用		
财务费用		
其中：利息费用		
利息收入		
资产减值损失		
信用减值损失		
加：其他收益		
投资收益(损失以“－”号填列)		
其中：对联营企业和合营业的投资收益		
净敞口套期收益(损失以“－”号填列)		
公允价值变动收益(损失以“－”号填列)		
资产处置收益(损失以“－”号填列)		
二、营业利润(亏损以“－”号填列)		
加：营业外收入		
减：营业外支出		
三、利润总额(亏损总额以“－”号填列)		
减：所得税费用		
四、净利润(净亏损以“－”号填列)		
(一)持续经营净利润(净亏损以“－”填列)		
(二)终止经营净利润(净亏损以“－”填列)		
五、其他综合收益的税后净额		
(一)以后不能重分类进损益的其他综合收益		
(二)将重分类进损益的其他综合收益		
六、综合收益总额		
七、每股收益		
(一)基本每股收益		
(二)稀释每股收益		

项目七 Chapter 7

会计凭证与账簿的装订、保管实训

任务一　掌握会计凭证的装订、保管等的相关知识

一、会计凭证的装订

根据财政部《会计基础工作规范》第五十五条规定的精神，记账凭证登记完毕后，应当按照分类和编号顺序保管，不得散乱丢失。为此，必须对会计凭证进行装订，其要求是：

(1)记账凭证应当连同所附的原始凭证或者原始凭证汇总表，按照编号顺序，折叠整齐，按期装订成册，并加具封面，注明应填列的内容，由装订人在装订线封签处签名或者盖章。

(2)装订时，首先，将全部凭证以左上角为准对齐，在左上角正面放一块长宽各约

9 厘米的正方形牛皮纸，将牛皮纸对折为四块，剪掉左上角的那块，将右下角与凭证的左上角对齐；其次，在凭证封面左上角上钻两个孔，穿入装订绳，绕两圈，在封底打上结；再次，将牛皮纸右上角和左下角两小块反折到凭证封底，粘在打好的结上，将结压在里面(上述装订面积一般不超过 3.5 厘米)；最后由装订人盖上骑缝章，并在脊背上填写时间及编号。

二、会计凭证封面的填写

根据财政部《会计基础工作规范》第五十五条规定的精神，会计凭证封面(见图 7-1)在填写时，应当包括以下内容：单位名称、所属的年度和月份、起讫日期、凭证种类、起讫号码等。

会计凭证封面

时间	年　　月份
册数	本月共　　册　　本册是第　　册
张数	本册自第　　号至第　　号共　　张
附记	

（　年　月　日装订）　　会计主管　　装订者

图 7-1　会计凭证封面

三、会计凭证装订时，对某些重要的原始凭证的处理

根据财政部《会计基础工作规范》第五十五条规定的精神，会计凭证装订时，对于某些重要的原始凭证，比如，各种经济合同、存出保证金收据、涉外文件、契约等，为了便于日后查阅，可以不附在记账凭证之后，而是另编目录，单独保管，然后在相关的记账凭证和原始凭证上相互注明日期和编号，以便日后核对。

四、会计凭证装订时，对数量较多的原始凭证的处理

根据财政部《会计基础工作规范》第五十五条规定的精神，会计凭证装订时，对于那些较多的原始凭证，例如，发货票、收货单、领料单等，也可以不附在记账凭证之后，而单独装订成册，在封面上注明记账凭证的日期、编号、种类，然后在记账凭证上注明“附件另订”(或“所附原始凭证另订”)和原始凭证的名称、编号。

五、已经存档的会计凭证需要调用时，应办理的手续

根据财政部《会计基础工作规范》第五十五条规定的精神，已经存档的会计凭证需

要调用时，经本单位会计机构负责人、会计主管人员批准，可以复印。如果是外单位调用则提供复印件，提供时应当在专设的登记簿中登记，并由提供人员和接收人员共同签名或者盖章。

六、会计凭证的保管期限规定

根据2016年1月1日起执行的《会计档案管理办法》的规定精神，会计凭证的保管期限如下：

(1)原始凭证的保管年限为30年。

(2)记账凭证的保管年限为30年。

本任务结尾处附会计档案保管期限表。

七、会计凭证的销毁

根据2016年1月1日起执行的《会计档案管理办法》的规定精神，保管期满的会计凭证可以销毁。但是，属于下列情况的，保管期满也不得销毁：

(1)尚未结清的债权债务的原始凭证，保管期满也不得销毁，应当单独抽出立卷，保管到未了事项完结时为止。

(2)正在项目建设期间的建设单位，其保管期满的会计凭证也不得销毁。

八、会计凭证销毁应当办理的手续

根据2016年1月1日起执行的《会计档案管理办法》的规定精神，可以销毁的会计凭证，销毁时应办理如下手续：

(1)由本单位档案机构会同会计机构提出销毁意见，编制销毁清册，列明所销毁的会计凭证的名称、卷号、册数、起止年度、档案编号、应保管期限、已保管期限和销毁的时间等。

(2)由单位负责人、档案管理机构负责人、会计管理机构负责人、档案管理机构经办人、会计管理机构经办人在销毁清册上签署意见。

(3)销毁时，应由档案机构和会计机构共同派员监督。

(4)监销人员在会计凭证销毁前，应当按照销毁清册所列的内容清点核对所要销毁的会计凭证；销毁后，应当在销毁清册上签名盖章，并将监销情况报告本单位负责人。

任务二　掌握会计账簿的更换、保管等相关知识

一、会计账簿的更换

账簿更换是在会计年度末，将本年度旧账更换为下年度新账。

更换新账的方法是：在年终结账时，将需要更换账簿的各账户的年末余额直接过入新启用的有关账户中，不需要编制记账凭证，也不必将余额再记入本年账户的借方或贷方，使本年有余额的账户的余额变为零。因为既然年末是有余额的账户，其余额应当如实地在账户中加以反映，否则容易混淆有余额的账户和没有余额的账户的区别。

更换新账时，要注明各账户的年份，然后在第一行日期栏内写明，“1 月”“1 日”，在摘要栏注明“上年结转”，把账户余额写入“余额”栏内，在此基础上登记新年度的会计事项。

二、旧账归入会计档案，在移交前应做的准备工作

账簿在更换新账后，除跨年使用的账簿外，其他账簿应按时整理归入会计档案保管。归档前应做好以下几项工作：

(1)账簿装订前的工作。首先按账簿启用表的使用页数核对账户是否相符，账页是否齐全，序号排列是否连续；然后，按会计账簿封面、账簿启用表、账户目录和排序整理好的账页顺序装订。

(2)活页账簿装订要求。将账页填写齐全，去除空白页和账夹，并加具封底封面；多栏式活页账、三栏式活页账、数量金额式活页账等不得混装，应按同类业务、同类账页装订在一起；在装订账页的封面上填写好账簿的种类，编好卷号，由会计主管人员、装订人或经办人签章。

(3)账簿装订后的工作。会计账簿应牢固、平整，不得有折角、缺角、错页、掉页、加空白纸的现象；会计账簿的封口要严密，封口处要加盖印章；封面应齐全、平整，并注明所属年度及账簿名称、编号，编号要一年一编，编号顺序是总账、现金日记账、银行存款日记账、分类明细账；旧账装订完毕后，应按规定要求进行保管。

三、会计账簿的保管期限规定

会计账簿的保管期限(参见附表)如下：

(1)总账(包括日记总账)为 30 年；

(2)明细账为 30 年；

(3)日记账为 30 年；

(4)固定资产卡片为在固定资产报废清理后 5 年；

(5)辅助账簿(备查簿)为 30 年。

四、需要调用旧账时，应当办理的手续

各单位保存的会计账簿归档后不得借出，如有特殊需要经本单位负责人批准，可以提供查阅或者复制，并办理登记手续，查阅或者复制会计档案的人员，严禁在会计档案上涂画、拆封和抽换。

各单位应建立健全会计档案查阅、复制登记制度。

五、账簿保管期满销毁时，应当办理的手续

账簿保管期满，可以按照下列程序销毁。

(1)由本单位档案机构会同会计机构提出销毁意见，编制账簿档案销毁清册，列明销毁档案的名称、卷号、册数、起止年度和档案编号，应保管期限，已保管期限，销毁时间等内容。

(2)单位负责人在会计账簿销毁清册上签署意见。

(3)销毁会计账簿时，应当由档案机构和会计机构共同派员监销。国家机关销毁会计账簿时，应当由同级财政部门、审计部门派员参加监销。财政部门销毁会计账簿时，应当由同级审计部门派员参加监销。

(4)监销人员在销毁会计账簿前，应当按照会计账簿销毁清册所列内容清点核对所销毁的会计账簿；销毁后，应当在会计账簿销毁册上签名盖章，并将监销情况报告本单位负责人。

六、会计电算化档案的保存与管理

单位可以利用计算机、网络通信等信息技术手段管理会计档案。同时满足下列条件的，单位内部形成的属于归档范围的电子会计资料可仅以电子形式保存，形成电子会计档案。

(1)形成的电子会计资料来源真实有效，由计算机等电子设备形成和传输。

(2)使用的会计核算系统能够准确、完整、有效接收和读取电子会计资料，能够输出符合国家标准归档格式的会计凭证、会计账簿、财务会计报表等会计资料，并设定了经办、审核、审批等必要的审签程序。

(3)使用的电子档案管理系统能够有效接收、管理、利用电子会计档案，符合电子档案的长期保管要求，并建立了电子会计档案与相关联的其他纸质会计档案的检索关系。

(4)采取有效措施，防止电子会计档案被篡改。

(5)建立电子会计档案备份制度，能够有效防范自然灾害、意外事故和人为破坏的影响。

(6)形成的电子会计资料不属于具有永久保存价值或者其他重要保存价值的会计档案。

满足以上规定条件，单位从外部接收的电子会计资料附有符合《中华人民共和国电子签名法》规定的电子签名的，可仅以电子形式归档保存，形成电子会计档案。

附表：

企业和其他组织会计档案保管期限表

序号	档案名称	保管期限	备注
一	会计凭证		
1	原始凭证	30 年	
2	记账凭证	30 年	
二	会计账簿		
①	总账	30 年	
②	明细账	30 年	
③	日记账	30 年	
④	固定资产卡片		固定资产报废清理后保管 5 年
⑤	其他辅助账簿	30 年	
三	财务会计报告		
①	月度、季度、半年度财务会计报告	10 年	
②	年度财务会计报告	永久	
四	其他会计资料		
①	银行存款余额调节表	10 年	
②	银行对账单	10 年	
③	纳税申报表	10 年	
④	会计档案移交清册	30 年	
⑤	会计档案保管清册	永久	
⑥	会计档案销毁清册	永久	
⑦	会计档案鉴定总意见书	永久	

任务三　会计凭证、账簿的装订实训操作

实训目的

使学生通过实操训练，熟悉会计凭证造册归档、使用、借阅及保管、销毁程序，掌握会计凭证和账簿的装订、保管要求和技术。

实训要求

将前面实训练习的会计凭证、会计账簿按规定的要求装订好。

评价标准

会计凭证、会计账簿要装订得整齐、美观。

实训内容

装订项目一至项目六的相关实训资料。

项目八 Chapter 8
综合实训

导语

综合实训是会计专业实践教学的核心环节，本部分在编写过程中，始终以“使学生掌握从事会计专业领域实际工作的综合能力和综合技能”为原则，突出学生的会计职业能力、岗位技能和职业素养。

在综合实训中，为学生创造了一个完全仿真的实习环境和一系列仿真的业务。本模拟实训以某工业企业为背景，以典型的会计核算安全为主线，涵盖了会计核算相关岗位的全部工作过程的会计资料，突出了综合性、完整性、实用性的特点。通过实际操作，学生不仅能够掌握填制及审核原始凭证和记账凭证、登记账簿、成本计算、财产清查、编制会计报表的全部会计核算方法，而且能够体会企业不同会计岗位人员的具体工作，对企业会计核算从理论到实践都会有较为具体的认识，可以用学到的会计理论解决“模拟”中的实际问题，因此，对本实训的学习是仿真性较强的实战演习。

学生通过综合实训操作，在课堂理论学习和基础实训的基础上，对企业主要经济业务的会计核算和具体操作有一个总括的了解，从而达到培养自己动手能力，提高综合素质的目的。

相关知识

原始凭证的填制规范、记账凭证的填制规范、账簿登记规则、财务报告编制规则及会计核算组织程序。

任务一　熟悉实训企业概况

公司名称：湖南星城门业有限公司
公司地址：长沙市岳麓区雷锋大道 356 号，电话：(0731)88116666
公司注册资本：人民币 500 万元
公司法定代表人：李祥和
公司总经理：刘悦
税务登记号：430 876 213 564 010
公司账户信息：
开户银行：中国建设银行长沙麓山支行(行号 6897566)
账号：29206799801008432002(基本账户)；
29206799801005554562(工资账户)；
29206799801007892056(住房公积金账户)
财务主管：王宇 会计：张小丽 出纳：宋凡
企业在银行的预留印鉴为财务专用章和法人章

任务二　实训操作指导

项目活动 1：初始准备工作

1. 在学完《基础会计》课程和完成前面各项分项实训的基础上进行综合模拟实训。实训开始前，应组织学生学习《会计基础工作规范》。

2. 为了全仿真企业核算过程，准备好有关印鉴。

项目活动 2：实训步骤

1. 根据模拟实训企业 12 月 1 日各总账及明细账的期初余额练习建账，并根据账户内容选择正确的账页格式进行登记。

2. 认真审核有关经济业务的原始凭证，对审核无误的原始凭证进行会计处理，编制记账凭证。该企业使用通用记账凭证。

3. 根据审核无误的记账凭证逐笔登记“库存现金”“银行存款”日记账及其他明细账。总账采用科目汇总表形式，每旬汇总一次进行登记。

4. 期末，根据有关资料编制“本期发生额及余额表”，进行试算平衡，并在此基础上编制 12 月份及全年的“资产负债表”和“利润表”。

5. 将本月记账凭证按规定装订成册。

项目活动 3：实训要求

本综合实训资料的内容为 2020 年 12 月份的经济业务。全部业务为 48 笔。核算具体要求如下：

1. 本实训资料计划时间为 1 周(30 学时)，由每位学生独立操作完成。

2. 材料核算按实际成本计价，发出存货采用全月一次加权平均法计算(均价保留 4 位小数)。

3. 产品销售价格均为不含增值税价格，增值税税率为 13%，运输费不考虑抵扣，城市维护建设税税率为 7%，教育费附加为 3%，所得税税率为 25%。一般法定盈余公积的提取比例为 10%，任意盈余公积为 5%，并按净利润的 40%向投资者分利。

4. 利润核算采用“账结法”，每月计算出利润总额并预交所得税，年终进行清算。

项目活动 4：实训教学的考核

本实践教学成绩应占本课程总成绩的 20%左右，对其考核主要根据学生实训作业及实训报告进行。

任务三　综合实训资料

项目活动 1：企业账务处理程序实训模拟建账资料

(一)湖南星城门业有限公司 2020 年 11 月份期末总分类账账户余额

总分类账及有关明细账账户余额表

账户名称	金额	账户名称	金额
库存现金	4 000	累计折旧	1 034 000
银行存款	808 000	短期借款	160 000
应收账款	90 000	应付账款	40 000
——江西红星公司	70 000	——新市江山制造厂	30 000
——上海青云有限公司	20 000	——常德兴旺公司	10 000
应收票据	40 000	应付职工薪酬	18 000
其他应收款	10 000	其他应付款	1 600
——张明	4 000	——包装物押金	1 600
——李华	6 000		
在途物资	60 000	应交税费	52 000
——其他材料	60 000	——未交增值税	20 000
原材料	160 000	——应交城市维护建设税	1 400
生产成本	140 000	——应交所得税	30 000
——木质门	80 000	——应交教育费附加	600
——铝合金门	60 000	应付股利	336 000
预付账款	1 600	应付利息	12 000
——中国人民保险公司	1 600		
库存商品	428 000	长期借款	480 000
长期股权投资	400 000	实收资本	3 000 000
交易性金融资产	300 000	资本公积	20 000
固定资产	3 672 000	盈余公积	400 000
无形资产	48 000	本年利润	500 000
累计摊销	8 000	利润分配	100 000

(二)其他有关明细账2020年11月末余额

原材料明细账余额表

材料名称	数量	单价(元)	金额(元)
方木(立方米)	20	3 500	70 000
五金包盒(个)	200 000	0.3	60 000
矩形盖(个)	40 000	0.5	20 000
其他材料			10 000
合计			160 000

库存商品明细账

产品名称	计量单位	数量	单位成本	单价(元)	金额(元)
木质门	扇	600	400	900	240 000
铝合金门	扇	400	470	1 100	188 000
合计					428 000

生产成本明细账

单位：元

产品名称	直接材料	直接人工	制造费用	合计
木质门	36 000	30 000	14 000	80 000
铝合金门	30 000	20 000	10 000	60 000

(三)湖南星城门业有限公司2020年有关损益类科目1—11月累计发生净额。

湖南星城门业有限公司各损益类账户累计发生净额

单位：元

账户名称	借方发生额	贷方发生额
主营业务收入		8 000 000
主营业务成本	6 080 000	
税金及附加	4 576	
销售费用	8 000	
管理费用	640 000	
财务费用	5 280	

续表 单位：元

账户名称	借方发生额	贷方发生额
公允价值变动收益		256 532. 66
投资收益		480 000
营业外收入		12 000
营业外支出	1 344 010	
所得税费用	166 666. 66	

项目活动 2：企业日常账务处理实训资料

(一)湖南星城门业有限公司 2020 年 12 月份发生以下经济业务：

1. 1 日，收到新城红依山公司以现金追加投资款 400 000 元存入银行。

2. 1 日，提取现金 10 000 元备用。

3. 2 日，以现金 6 000 元预付李华差旅费。

4. 3 日，向湖南顺和木材有限公司购入方木 50 立方米，价款 200 000 元，增值税 26 000 元，购入五金包盒 200 000 个，价款 60 000 元，增值税 7 800 元，款项暂欠。材料已验收入库。

5. 5 日，用银行存款支付上月应交增值税、所得税、城建税及教育费附加 52 000元。

6. 5 日，收到江西红星公司偿还前欠购货款 70 000 元，款项已存入银行。

7. 6 日，上月在途材料(其他材料)60 000 元，货已验收入库。

8. 8 日，从丽江工厂购入方木 30 立方米，价款 120 000 元，增值税 15 600 元；五金包盒 200 000 个，价款 60 000 元，增值税 7 800 元。上述款项均以银行存款付讫，材料已入库。

9. 8 日，以银行存款 336 000 元支付应付投资者利润。

10. 9 日，销售木质门 300 扇，单价 900 元；铝合金门 200 扇，单价 1 100 元。货款共计 490 000 元；增值税共计 63 700 元，代垫运费 25 160 元，货款及代垫运费 578 860元收存银行。

11. 10 日，以银行存款 160 000 元归还到期临时借款。

12. 11 日，以现金购入办公用品，含税价 1 600 元。其中，生产车间用 353.98 元，厂部管理部门用 1 061. 94 元。

13. 12 日，开出转账支票金额 4 800 元，预付下年第一季度报刊费。

14. 13 日，张明报销差旅费 3 400 元，交回余额 600 元现金。

15. 14 日，李华报销差旅费 6 360 元，并补领现金 360 元。

16. 15 日，从银行提取现金 141 000 元备发工资。

17. 15 日，以现金 141 000 元发放职工工资。

18. 17日，销售木质门300扇给华新公司，货款270 000元，增值税35 100元，款项已收到存入银行。

19. 19日，购入方木66立方米，价款264 000元；五金包盒208 000个，价款52 000元；矩形盖192 000个，价款96 000元，全部货款合计412 000元；运杂费10 500元；增值税共计53 560元；款项已由银行存款付讫。

20. 19日，收到购货单位偿还前欠货款20 000元存入银行。

21. 20日，以银行存款30 000元，偿还前欠供应单位货款。

22. 20日银行通知，到期应收票据40 000元，收款手续办妥，已存入企业存款账户。

23. 21日，销售铝合金门150扇，货款165 000元，增值税21 450元，代垫运费6 950元，其中100 000元收存银行，余款暂欠。

24. 21日，接银行通知，本季度应付借款利息18 000元，已从银行存款账户划转(已计提12 000元，本月应提6 000元)。

25. 22日，购买固定资产一台，价税合计18 080元，包装运杂费1 000元，款已付。

26. 23日，为改扩建厂房，向银行贷款1 000 000万元，为期3年。

27. 24日，支付电话费4 800元。

28. 25日，以银行存款支付本月电费25 086元(含增值税2 886元)。注：先计入"应付账款"。

29. 26日，以银行存款20 000元向中国红十字基金会捐款。

30. 29日，以银行存款2 000元支付工会经费。

31. 31日，本月发料凭证汇总。

32. 31日，计提本月固定资产折旧19 000元，其中，生产车间15 000元，厂部4 000元。

33. 31日，摊销本月负担的无形资产4 000元。

34. 31日，计提本月负担的借款利息750元。

35. 31日，支付人民保险公司财产保险费2 000元。

36. 31日，分配本月应付工资。

37. 31日，分配电费。生产木质门用10 000元，生产铝合金门用8 600元，生产车间照明等用2 000元，厂部管理部门用1 600元。

38. 31日，计算结转本月制造费用(按生产工人工资比例分配)。

39. 31日，本月完工木质门1 000扇，铝合金门700扇。上述木质门、铝合金门均已验收入库。

40. 31日，结转本月产品销售成本(按全月一次加权平均成本计算)。

41. 31日，计算本月应交城建税、教育费附加。

42. 31日，将本月收入结转"本年利润"账户。

43. 31日，将本月主营业务成本、税金及附加、销售费用、管理费用、财务费用结转“本年利润”账户。

44. 31 日，按所得税率 25%计算应交所得税，并将所得税费用转入“本年利润”账户。

45. 31 日，结转本年净利润。

46. 31 日，计提法定盈余公积、任意盈余公积。

47. 31 日，计算应付投资者利润。

48. 31 日，结转利润分配其他明细账户至未分配利润。

(二)记录及证明湖南星城门业有限公司 2020 年 12 月份经济业务发生的原始凭证

1. 1 日，收到新城红依山公司以现金追加投资款 400 000 元存入银行。

中国建设银行　　进账单 (收账通知)　　**3**

2020年　12月　01日

出票人	单位名称	新城红依山公司		收款人	单位名称	湖南星城门业有限公司
	账　号	29206799801004446234			账　号	29206799801008432002
	开户银行	中国建设银行长沙解放支行			开户银行	中国建设银行长沙麓山支行
金额	人民币(大写)	肆拾万元整			亿千百十万千百十元角分	¥40000000
票据种类	转账支票	票据张数	1			
票据号码	11504089					
	复核	记账			收款人开户银行签章	

中国建设银行 长沙麓山支行 2020.12.01 转讫 (01)

此联是收款人开户银行交给收款人的收账通知

投资合同

立合同单位：

新城红依山公司（以下简称投资方）

湖南星城门业有限公司（以下简称被投资方）

为明确责任，恪守合同，特签订本合同，共同信守。

一、投资方式：货币资金

二、投资金额：肆拾万元整

三、投资所占股份：11.76%

四、出资期限：自二〇二〇年十二月一日至二〇二〇年十二月三十一日止

…………

合同的附件：（略）

本合同经各方签字后生效。

本合同正本一式三份，投资方、被投资方各执一份；合同副本 2 份，报送有关单位各一份。

投资方（公章）　　法人代表（盖章）

新城红依山公司 业务专用章　　李红少印

被投资方（公章）　　法人代表（盖章）

湖南星城门业有限公司 财务专用章　　李和祥印

2020 年 11 月 28 日

2. 1 日，提取现金 10 000 元备用，填写现金支票。

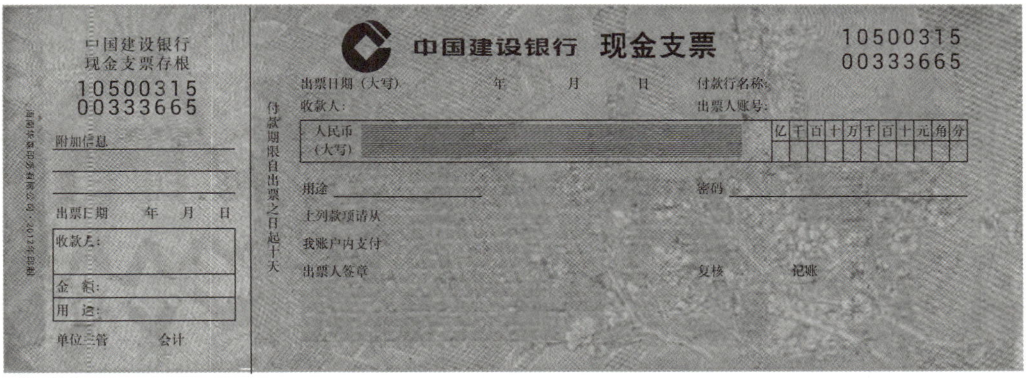
中国建设银行
现金支票存根
10500315
00333665
附加信息
出票日期 年 月 日
收款人：
金 额：
用 途：
单位主管 会计

付款期限自出票之日起十天

中国建设银行 现金支票
10500315
00333665
出票日期（大写） 年 月 日 付款行名称：
收款人： 出票人账号：
人民币（大写）

亿	千	百	十	万	千	百	十	元	角	分

用途 密码
上列款项请从
我账户内支付
出票人签章 复核 记账

提现申请单

填单日期：2020.12.01

收款单位	湖南星城门业有限公司		
地址	长沙市岳麓区雷锋大道 356 号	联系电话	0731-88116666
收款人开户行	中国建设银行长沙麓山支行	开户账户	29206799801008432002
内容			
大写	壹 万 零 仟 零 佰 零 拾 零 元 零 角 零 分		¥10000.00

审批：刘悦 审核：王宇 制表：宋凡

3. 2 日，以现金 6 000 元预付李华差旅费。

借 支 单

2020 年 12 月 02 日

姓 名	李 华	工 作 部 门	行 政 科	职 务	科 长
借 款 原 因	去 上 海 开 会		领导审批	同 意 李 祥 和	
借 支 金 额	人民币（大写）陆 仟 元 整			¥6 000. 00	
备 注					

现金付讫

4. 3 日，向湖南顺和木材有限公司购入方木 50 立方米，价款 200 000 元，增值税 26 000 元，购入五金包盒 200 000 个，价款 60 000 元，增值税 7 800 元，款项暂欠。材料已验收入库。

3101082260　　**湖南增值税专用发票**　　№ 60973366

发票联　　开票日期：2020-12-03

购买单位	名　　称：湖南星城门业有限公司 纳税人识别号：430876213564010 地 址 、电 话：长沙市岳麓区雷锋大道356号0731-88116666 开户行及账号：中国建设银行长沙麓山支行29206799801008432002	密码区	3-65745<19458<3840481 75/37503848*7>+>-2//5 >*8574567-7<8*873/+<4 13-3001152-/>7142>>8-

货物或应税劳务名称	规格型号	单位	数量	单价	金　额	税率	税　额
方木		立方米	50	4000.00	200000.00	13%	26 000.00
五金包盒		个	200000	0.30	60000.00	13%	7 800.00
合　　计					¥260000.00		¥33 800.00
价税合计（大写）	⊗贰拾玖万叁仟捌佰元整				（小写）¥293 800.00		

销售方	名　　称：湖南顺和木材公司 纳税人识别号：430906775556952 地 址 、电 话：长沙市天元区株洲大道190号，0731-86751797 开户行及账号：中国建设银行株洲天元支行　29201050800050000555	备注	

收款人：　　复核：　　开票人：何洁　　销售方：（章）

第三联：发票联 购买方记账凭证

税总函[2016]311号海南华森实业公司

湖南顺和木材公司 发票专用章

收　料　单

供应单位：湖南顺和木材公司　　　　编号：3021

发票号码：0002516　　2020年12月03日　　仓库：一仓库

规格	材料名称	编号	数量		实际价格（元）				合计									
			应收	实收	单位	单价	发票金额	运杂费	千	百	十	万	千	百	十	元	角	分
	方木	1101	50	50	立方米	4 000.00	200 000			¥	2	0	0	0	0	0	0	0
	五金包盒	1102	200 000	200 000	个	0.3	60 000				¥	6	0	0	0	0	0	0
	合计									¥	2	6	0	0	0	0	0	0
备注				验收人盖章	张全				合计¥260 000.00									

采购人：　　检验员：　　记帐员：　　保管员：

第二联：会计部门

5. 5日，用银行存款支付上月应交增值税、所得税、城建税及教育费附加52 000元。

电子缴税付款凭证

转账日期：2020-12-05　　　　凭证字号：02530326

纳税人全称及纳税人识别号：湖南星城门业有限公司 430 876 213 564 010

付款人全称：湖南星城门业有限公司

付款人银行账号：29206799801008432002　　　　收款人全称：长沙市岳麓区地方税务局

付款人开户银行：中国建设银行长沙麓山支行　　　　收款国库（银行）名称：国家金库长沙市岳麓区支库

小写（合计金额）：￥2000　　　　缴款书交易流水号：29132020401

大写（合计金额）：人民币贰仟元整　　　　税票号码：20583377

税、费　税号：

税款属期：2020.11.01-2020.11.30

中国建设银行长沙麓山支行 2020.12.05 业务专用章

税（费）种名称	实缴金额
城市维护建设税	1400.00
教育费附加	600.00

第 1 次打印　　　　打印日期：2020.12.05

第二联作付款回单（无银行收讫章无效）　　复核　　记账

电子缴税付款凭证

转账日期：2020-12-05　　　　凭证字号：02530326

纳税人全称及纳税人识别号：湖南星城门业有限公司 430 876 213 564 010

付款人全称：湖南星城门业有限公司

付款人银行账号：29206799801008432002　　　　收款人全称：长沙市岳麓区地方税务局

付款人开户银行：中国建设银行长沙麓山支行　　　　收款国库（银行）名称：国家金库长沙市岳麓区支库

小写（合计金额）：￥30000.00　　　　缴款书交易流水号：29132020401

大写（合计金额）：人民币叁万元整　　　　税票号码：20583377

税、费　税号：

税款属期：2020.11.01-2020.11.30

中国建设银行长沙麓山支行 2020.12.05 业务专用章

税（费）种名称	实缴金额
企业所得税	￥30000.00

第 1 次打印　　　　打印日期：2020.12.05

第二联作付款回单（无银行收讫章无效）　　复核　　记账

中国建设银行

中国建设银行电子缴税付款凭证 凭 证 No 07521812

转账日期：2020年12月05日 凭证字号：02530326

纳税人全称及纳税人识别号：湖南星城门业有限公司 430 876 213 564 010

付款人全称：湖南星城门业有限公司
付款人银行账号：29206799801008432002 征收机关名称：长沙市岳麓区地方税务局
付款人开户银行：中国建设银行长沙麓山支行 收款国库（银行）名称：国家金库长沙市岳麓区支库
小写（合计）金额：¥20000.00 缴款书交易流水号：29132020401
大写（合计）金额：人民币贰万元整 税票号码：20583377

税（费）种名称	所属日期	实缴金额
增值税	2020 11 01-2020 11 30	20000.00

中国建设银行长沙麓山支行 2020.12.05 业务专用章 (01)

第 1 次打印 打印时间：2020 年12月05日

(1405公分×2公分) 第二联 做付款回单（无银行收讫章无效） 付款： 记账：

6. 5 日，收到江西红星公司偿还前欠购货款 70 000 元，款项已存入银行。

中国建设银行 进账单（收账通知） 3

2020年 12月 05日

出票人	单位名称	江西红星公司	收款人	单位名称	湖南星城门业有限公司
	账　号	1320901428203		账　号	29206799801008432002
	单位名称	中国建设银行河口营业部		开户银行	中国建设银行长沙麓山支行
金额	人民币（大写）	柒万元整		亿千百十万千百十元角分	¥7000000
票据种类	转账支票	票据张数	1		
票据号码	11504089				
复核 记账				收款人开户银行签章	

中国建设银行长沙麓山支行 2020.12.05 转讫 (01)

此联是收款人开户银行交给收款人的收账通知

7. 6日，上月在途材料(其他材料)60 000元，货已验收入库。

收　料　单

供应单位：湖 南 省 双 峰 公 司　　　　编号：3022

发票号码：00276　　　　2020年12 月06 日　　　　仓库：二 仓 库

规格	材料名称	编号	数量		实际价格（元）				合计									
			应收	实收	单位	单价	发票金额	运杂费	千	百	十	万	千	百	十	元	角	分
	其他材料	1005					60 000.00				¥	6	0	0	0	0	0	0
											¥	6	0	0	0	0	0	0
备注			验收人盖章		张　全		合计¥60 000.00											

第二联：会计部门

采购人：　　检验员：　　记帐员：　　保管员：　　张宁

8. 8日，从丽江工厂购入方木30立方米，价款120 000元，增值税15 600元；五金包盒200 000个，价款60 000元，增值税7 800元。上述款项均以银行存款付讫，材料已入库。

云南铁路局货票

发货单位:云 南 丽 江 工 厂　　　　2020年12月08日　　　　№005421

发　站	云 南 丽 江 站	到　站		新 城 站
货物名称	件　数	包　装	重　量	计费重量
方 木	30（立方米）			
五金包盒	200 000（个）			
类　别	费　率	数　量	金　额	
运　费			17500.00	附　记
合计金额（大写）：壹 万 柒 仟 伍 佰 元 整				
收货单位：湖 南 星 城 门 业 有 限 公 司			经办人：李 江	

云南铁路分局 运费结算专用章

中国建设银行 China Construction Bank　进账单（回　单）　1

2020年12月13日

出票人	全　称	湖南星城门业有限公司	收款人	单位名称	云南丽江工厂
	账　号	29206799801006432002		账　号	607239214511235
	开户银行	中国建设银行长沙麓山支行		开户银行	工行长江路支行

金额	人民币（大写）	贰拾贰万零玖佰元整	亿	千	百	十	万	千	百	十	元	角	分
					¥	2	2	0	9	0	0	0	0

票据种类	转账支票	票据张数	1
票据号码	03148930		

复核　　记账　　开户银行签章

中国建设银行长沙麓山支行 2020.12.13 业务专用章 (01)

175×85mm GH082113

此联是开户银行交给持（出）票人的回单

深圳光华印制有限公司·2011年印制

中国建设银行
转账支票存根
10504330
00708961

附加信息

出票日期 2020年12月8日

收款人：云南丽江工厂

金　额：¥203 400.00

用　途：支付材料费等

单位主管　　会计

收　料　单

供应单位：云南丽江工厂　　　　编号：3023

发票号码：02456　　2020年12月08日　　仓库：一仓库

规格	材料名称	编号	数量		实际价格（元）				合计									
			应收	实收	单位	单价	发票金额	运杂费	千	百	十	万	千	百	十	元	角	分
	方木	1101	30	30	立方米	4000	120 000.00	10 000			1	3	0	0	0	0	0	0
	五金包盒	1102	200 000	200 000	个	0.3	60 000.00	7 500				6	7	5	0	0	0	0
										¥	1	9	7	5	0	0	0	0
备注			验收人盖章		张　全		合计¥197 500.00											

采购人：　　检验员：　　记帐员：　　保管员：　　张宁

第二联：会计部门

全国统一发票监制章 云南

5300100532 **云南增值税专用发票** № 0002456

发 票 联

开票日期：2020年12月03日

购货单位	名称：湖南星城门业有限公司 纳税人识别号：430876213564010 地址、电话：长沙市岳麓区雷锋大道356号 0731-88116666 开户行及账号：中国建设银行麓山支行 29206799801008432002			密码区	2489-1<9-7-61596284 8<032/52>9/29533-4974 1626<8-3024>82906-2 -47-6<7>2*-/>*>6/	加密版本：01 02057204028 00416107	
货物或应税劳务名称	规格型号	单位	数量	单价	金额	税率	税额
方木		立方米	30	4 000.00	120 000.00	13%	15 600.00
五金包盒		个	200 000	0.30	60 000.00		7 800.00
合计					¥180 000.00		¥23 400.00
价税合计（大写）	人民币	贰拾万零叁仟肆佰元整			（小写）¥203 400.00		
销售方	名称：云南丽江工厂 纳税人识别号：204101024051318 地址、电话：云南丽江长江路110号 0817-3188552 开户行及账号：工行长江路支行 607239214511235			备注			

收款人： 复核： 开票人：李曙 销售单位：（章）

云南丽江工厂 204101024051318 发票专用章

第三联 发票联 购货方记账凭证

9．8 日，以银行存款 336 000 元支付应付投资者利润。

中国建设银行 China Construction Bank **进账单**（回 单） 1

2020 年 12 月 08 日

出票人	全称	湖南星城门业有限公司	收款人	单位名称	东风工具厂
	账号	29206799801006432002		账号	1033478585
	开户银行	中国建设银行长沙麓山支行		开户银行	长沙银行河西支行
金额	人民币（大写）	叁拾叁万陆仟元整		亿千百十万千百十元角分	¥33600000
票据种类	转账支票	票据张数	1		
票据号码	03148925				
	复核 记账			开户银行签章	

中国建设银行长沙麓山支行 2020.12.08 业务专用章 (01)

此联是开户银行交给持出票人的回单

175×85mm CHO82413

中国建设银行
转账支票存根
10504330
00708962

附加信息

出票日期 2020 年 12 月 08 日

收款人: 东风工具厂	
金 额:	¥336 000.00
用 途:	支付应付利润

单位主管 会计

深圳光华印制有限公司 · 2011 年印制

10. 9 日，销售木质门 300 扇，单价 900 元；铝合金门 200 扇，单价 1 100 元。货款共计 490 000 元；增值税共计 63 700 元，代垫运费 25 160 元，货款及代垫运费 578 860元收存银行。

4300132501 湖南增值税专用发票 № 01910520

此联不作报销、扣税凭证使用 开票日期：2020.12.09

购货单位	名称：上海宏达公司 纳税人识别号：730203132227010 地址、电话：上海福旺路福海路8号 021-87712690 开户行及账号：中国建设银行科技营业部 272241908200321	密码区	3-65745<19458<384048175/ 37503848*7>+>-2//5> *8574567-7<8*873/+<13- 3001152-/>7142>>8- 加密版本：011401121140 15098137

货物或应税劳务服务名称	规格型号	单位	数量	单价	金额	税率	税额
木质门		扇	300	900.00	270000.00	13%	35 100.00
铝合金门		扇	200	1100.00	220000.00	13%	28 600.00
合计					¥490000.00		¥63 700.00
价税合计（大写）	⊗伍拾伍万叁仟柒佰元整				（小写） ¥553 700.00		

销售方	名称：湖南星城门业有限公司 纳税人识别号：430876213564010 地址、电话：长沙市岳麓区雷锋大道356号0731-88116666 开户行及账号：中国建设银行长沙麓山支行29206799801008432002	备注	

收款人： 复核： 开票人：张小丽 销售单位：（章）

第一联：记账联 销售方记账凭证

税总函[2016]675号海南华森实业公司

中国建设银行
转账支票存根
10504330
00708963

深圳光华印制有限公司·2011年印制

附加信息

出票日期 2020 年 12 月 09 日

收款人: 顺丰运输公司	
金　额:	￥25 160.00
用　途:	代垫运费

单位主管　　会计

电子汇划收款回单

2020年 12月 09日　　流水号: 018275492736827

付款人	全　称	上海宏达公司	收款人	全　称	湖南星城门业有限公司
	账　号	272241908200321		账　号	29206799801008432002
	开户行	中国建设银行科技营业部		开户行	中国建设银行长沙麓山支行
金额	(大写)	人民币伍拾柒万捌仟捌佰陆拾元整			￥ 578 860.00
用途	收回代垫运费及货款				

备注:

汇划日期: 2020年12月09日　　汇划流水号: 018275492736827

汇出行行码: 105290028172　　原凭证种类: 0135

原凭证号码:　　原凭证金额: ￥ 578 860.00

汇款人地址:

收款人地址:

实际收款人账号: 29206799801008432002

实际收款人名称: 湖南星城门业有限公司

中国建设银行 长沙麓山支行 2020.12.09 转讫 (01)

银行盖章

销 售 单

购货单位：上海宏达公司 地址和单位：上海福旺福海路8号 021-87712690 单位编号：X1201

纳税识别号：730203132227010 开户行和账号：中国建设银行科技营业部 272241908200321 制单日期：2020-12-9

编号	产品名单	规格	单位	单价	数量	金额	备注
1	木质门		扇	900.00	300	270000.00	不含税价
会计	人民币（大写）：贰拾柒万元整					¥270000.00	

会计联

总经理：刘悦 销售经理：朱俊 经手人：陈芹文 会计：张小丽 签收人：刘军

销 售 单

购货单位：上海宏达公司 地址和单位：上海福旺福海路8号 021-87712690 单位编号：X1201

纳税识别号：430444007944165 开户行和账号：中国建设银行科技营业部 272241908200321 制单日期：2020-12-9

编号	产品名单	规格	单位	单价	数量	金额	备注
2	铝合金门		扇	1100.00	200	220000.00	不含税价
会计	人民币（大写）：贰拾贰万元整					¥220000.00	

会计联

总经理：刘悦 销售经理：朱俊 经手人：陈芹文 会计：张小丽 签收人：刘军

11. 10 日，以银行存款 160 000 元归还到期临时借款。

中国建设银行
转账支票存根
10504330
00708964
附加信息

出票日期 2020 年 12 月 10 日

收款人：
建设银行长沙麓山支行

金 额：¥160 000.00

用 途：归还借款

单位主管 会计

深圳光华印制有限公司·2011年印制

12. 11 日，以现金购入办公用品，含税价 1 600 元。其中，生产车间用 353.98 元，厂部管理部门用 1 061.94 元。

1401121140　　增值税专用发票　　№ 15598129

发票联　　开票日期：2020-12-11

购货单位	
名称：	湖南星城门业有限公司
纳税人识别号：	430876213564010
地址、电话：	长沙市岳麓区雷锋大道356号0731-88116666
开户行及账号：	中国建设银行长沙麓山支行29206799801008432002

密码区：3-65745<19458<3840481 75/37503848*7>+>-2//5 >*8574567-7<8*873/+<4 13-3001152-/>7142>>8-

货物或应税劳务、服务名称	规格型号	单位	数量	单价	金额	税率	税额
办公用品		本	4	353.98	1415.92	13%	184.08
合计					￥1415.92		￥184.08
价税合计（大写）	⊗ 壹仟陆佰元整				（小写）￥1600.00		

销售方	
名称：	长沙腾力用品公司
纳税人识别号：	430111651123620l
地址、电话：	长沙市岳麓区金星大道10号0731-82225852
开户行及账号：	中国工商银行岳麓支行 19011188817016455526

收款人：　复核：　开票人：易方　销售方：（章）

第三联：发票联 购货方记账凭证

税总函［2016］311号海南华森实业公司

（印章：长沙腾力用品公司 430111651123620l 发票专用章）

13. 12 日，开出转账支票金额 4 800 元，预付下年第一季度报刊费。

中国建设银行
转账支票存根
10504330
00708965

附加信息

出票日期 2020 年 12 月 12 日

收款人：潇湘邮局

金额：￥4 800.00

用途：预付报刊费

单位主管　会计

深圳光华印制有限公司・2011 年印制

潇湘晨报报刊发行发票

143010562046

发 票 联

国税 No 00465154

住址：　　户名：湖南星城门业有限公司　　2020 年 12 月 12 日

报刊名称	起止订期	份数	单价	共计金额 千	百	十	元	角	分
潇湘晨报	从 2021 年 1 月 1 日至 2021 年 3 月 31 日	10	480	4	8	0	0	0	0
合计人民币（大写）	肆仟捌佰零元零角零分								
注意事项：									

发行站：　　发行组：　　开 票 员：　　收款单位：

联系人：　　电 话：　　投诉电话：　　订 户：

（印章：潇湘晨报 4308752 14563052 发票专用章）

14. 13 日，张明报销差旅费 3 400 元，交回余额 600 元现金。

差 旅 费 报 销 单

单位名称：生 产 科　　填报日期 ：2020 年 12 月 13 日　　单位：元

姓名	张明	职级	工程师	出差事由	开会	出差时间	计划 3 天 / 实际 3 天	备注

月	日	起	止	类别	金额	项目		标准	计算天数	核报金额
12	10	潇湘	南京	火车	640.00	住宿费	包干报销	240.00	3	720.00
12	12	南京	潇湘	火车	640.00		限额报销			
						伙食补助费		70.00	3	210.00
						车、船补助费				
						其他杂支		1 190.00		1 190.00
小计					1 280.00	小计				2 120.00
总计金额	⊗万 叁 仟 肆 佰 零 拾 零 元					预支 4 000.00 核销 3 400.00 退补 600.00				

主管：李祥和　　部门：　　审核：　　填报人：张明

收　　　　据

2020年 12 月 13 日　　第 12 号

今收到 张明

人民币（大写）：陆 佰 零 拾 零 元 整

十	万	千	百	十	元	角	分
		¥	6	0	0	0	0

事由：交来借支差旅费余款

现金 √

支票　　号

（印章：现金收讫）

第三联 记账联

收款单位：湖南星城门业有限公司　　财务负责人：王宇　　收款人：宋凡

15. 14 日，李华报销差旅费 6 360 元，并补领现金 360 元。

差旅费报销单

单位名称：行 政 科　　填报日期 ：2020 年 12 月 14 日　　单位：元

姓名	李华		职级	科长		出差事由	开会	出差时间	计划 5 天 实际 5 天		备注
日期		起止地点		飞机、车、船票		其他费用					
月	日	起	止	类别	金额	项目		标准	计算天数	核报金额	
11	10	潇湘	云南	火车	1 160.00	住宿费	包干报销	600.00	5	3 000.00	
11	14	云南	潇湘	火车	1 220.00		限额报销				
						伙食补助费		100.00	5	500.00	
						车、船补助费					
						其他杂支		680.00		680.00	
小计					2 180.00	小计				4 180.00	
总计金额	⊗万陆仟叁佰陆拾元整					预支 6 000.00 核销 6 360.00 ~~退~~补 360.00					

主管：李祥和　　部门：　　审核：　　填报人：李华

领　　　据

2020 年 12 月 14 日　　第 13 号

事由：报销差旅费差额								
人民币（大写）：叁佰陆拾元整	十	万	千	百	十	元	角	分
现金付讫			¥	3	6	0	0	0
现金 √								

第三联 记账联

主管：李祥和　　财务负责人：王宇　　收款人：李华

16. 15 日，从银行提取现金 141 000 元备发工资，填写现金支票。

提现申请单

收款单位	湖南星城门业有限公司		
地址	长沙市岳麓区雷锋大道 356 号	联系电话	0731-88116666
收款人开户行	中国建设银行长沙麓山支行	开户账号	29206799801008432002
内容			
大写	壹拾 肆万 壹仟 零佰 零拾 零元 零角 零分	¥	141 000.00

审批：刘悦　　审核：王宇　　制表：宋凡

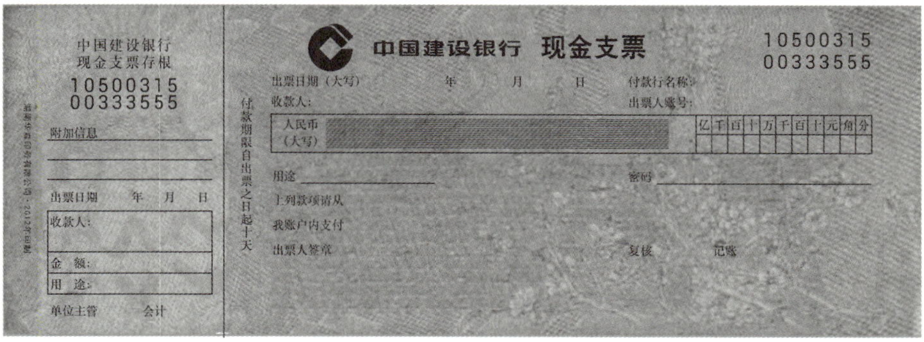
中国建设银行
现金支票存根
10500315
00333555
附加信息
出票日期　年　月　日
收款人：
金　额：
用　途：
单位主管　会计

付款期限自出票之日起十天

中国建设银行 现金支票　10500315 00333555
出票日期（大写）　年　月　日　付款行名称：
收款人：　出票人账号：
人民币（大写）　亿 千 百 十 万 千 百 十 元 角 分
用途　密码
上列款项请从
我账户内支付
出票人签章　复核　记账

17. 15 日，以现金 141 000 元发放职工工资(代扣款项作“其他应付款”)。

湖南星城门业有限公司工资结算汇总表

2020 年 12 月

部门人员类别		职工人数	基本工资	经常性奖金	津贴和补贴			应扣工资		应付工资	代扣款项				实发金额
					物价补贴	夜班补贴	住房补贴	病假	事假		水电费	房租费	保险费	小计	
生产车间	生产工人	100	102 000.00	19 000.00	10 000.00	6 000.00	4 000.00	600.00	400.00	140 000.00	6 000.00	8 000.00	4 000.00	18 000.00	122 000.00
	管理人员	15	7 400.00	2 000.00	200.00	300.00	200.00	—	100.00	10 000.00	1 200.00	1 000.00	600.00	2 800.00	7 200.00
	小计	115	109 400.00	21 000.00	10 200.00	6 300.00	4 200.00	600.00	500 00	150 000.00	7 200.00	9 000.00	4 600.00	20 800.00	129 200.00
企业管理人员		20	14 600.00	2 000.00	800.00	——	800.00	120.00	80.00	18 000.00	2 800.00	2 600.00	800.00	6 200.00	11 800.00
合计			124 000.00	23 000.00	11 000.00	6 300.00	5 000.00	720.00	580.00	168 000.00	10 000.00	11 600.00	5 400.00	27 000.00	141 000.00

核算：张海波

劳资主管：熊一凡　　审核：钟林华　　制表：刘平　　会计主管：王宇

18．17 日，销售木质门 300 扇给南京华新公司，货款 270 000 元，增值税 35 100 元，款项已收到存入银行。

销 售 单

购货单位：南京华新公司　　地址和单位：南京城南市府路85号 025-6321054　　单位编号：XS10017

纳税识别号：320000134750413　　开户行和账号：建行南京市府路支行 1903201710401242　　制单日期：2020-12-17

编号	产品名单	规格	单位	单价	数量	金额	备注
1	木质门		扇	900.00	300	270 000.00	不含税价
会计	人民币（大写）：贰拾柒万元整					￥270 000.00	

会计联

总经理：刘悦　　销售经理：朱俊　　经手人：陈芹文　　会计：张小丽　　签收人：曾玲

电子汇划收款回单

2020年12月17日　　流水号：018275492736827

付款人			收款人		
付款人	全称	南京华新公司	收款人	全称	湖南星城门业有限公司
	账号	1903201710401242		账号	29206799801008432002
	开户行	中国建设银行市府路支行		开户行	中国建设银行长沙麓山支行
金额	（大写）人民币叁拾万零伍仟壹佰元整				¥：305 100.00
用途	收回贷款				

备注：

汇划日期：2020年12月17日　　汇划流水号：018275492736827

汇出行行号：105290028172　　原凭证种类：0135

原凭证号码：　　原凭证金额：¥305 100.00

汇款人地址：

收款人地址：

实际收款人账号：29206799801008432002

实际收款人名称：湖南星城门业有限公司

中国建设银行 长沙麓山支行 2020.12.17 转讫 (01

银行盖章

430014897 **湖南增值税专用发票** № 01910121

（全国统一发票监制章 湖南 国家税务总局监制）

此联不作报销、扣税凭证使用 开票日期：2020-12-17

购货单位	名称：南京华新公司 纳税人识别号：73020313227010 地址、电话：南京城南市府路85号025-6321054 开户行及账号：建行南京市府路支行1903201710401242	密码区	3-65745<19458<3840481 75/37503848*7>+>-2//5 >*8574567-7<8*873/+< 13-3001152- 加密版本： 011401121140 01910120

货物或应税劳务名称	规格型号	单位	数量	单价	金额	税率	税额
木质门		扇	300	900.00	270 000.00	13%	35 100.00
合计					¥270 000.00		¥35 100.00
价税合计（大写）	⊗叁拾万零伍仟壹佰元整				（小写）¥305 100.00		

销货单位	名称：湖南星城门业有限公司 纳税人识别号：430876213564010 地址、电话：长沙市岳麓区雷锋大道356号0731-88116666 开户行及账号：中国建设银行长沙岳麓支行29206799801008432002	备注	（湖南星城门业有限公司 430876213564010 发票专用章）

收款人： 复核： 开票人：张小明 销售方：（章）

税总函[2016]248号海南华森实业公司

第一联：记账联 销货方记账凭证

19．19日，购入方木66立方米，价款264 000元；五金包盒208 000个，价款52 000元；矩形盖192 000个，价款96 000元，全部货款合计412 000元；运杂费10 500元；增值税共计53 560元；款项已由银行存款付讫。

湖北铁路局货票

湖北

发货单位：湖北光明制造厂 2020年12月19日 №009317

发站	湖北站		到站	新城站
货物名称	件数	包装	重量	计费重量
方木	66（立方米）			
五金包盒	208 000（个）			
矩形盖	192 000（个）			
类别	费率	数量	金额	附记
运费			10 500.00	
合计金额（大写）：人民币壹万零伍佰元整			¥10 500.00	
收货单位：湖南星城门业有限公司	经办人：李末			

（湖北铁路分局 运费结算专用章）

电子汇划付款回单

2020年12月19日　　　　流水号：018275492759206

付款人	全　称	湖南星城门业有限公司	收款人	全　称	湖北光明制造厂
	账　号	29206799801008432002		账　号	19023456721l235
	开户行	中国建设银行长沙麓山支行		开户行	中国工商银行武汉汉江支行
金额	（大写）肆拾柒万陆仟零陆拾元整				¥476 060.00
用途	代垫运费及贷款				

备注：

汇划日期：2020年12月19日　　　　汇划流水号：018275492759237

汇出行行号：102161319712　　　　原凭证种类：011

原凭证号码：　　　　原凭证金额：¥476 060.00

汇款人地址：

收款人地址：

实际收款人账号：19023456721 1235

实际收款人名称：湖北光明制造厂

中国建设银行 长沙麓山支行 2020.12.19 转讫 (01)

银行盖章

收　料　单

供应单位：湖北光明制造厂　　　　编号：3024

发票号码：17461　　　　2020 年 12 月 19 日　　　　仓库：一仓库

规格	材料名称	编号	数量		实际价格（元）														
			应收	实收	单位	单价	发票金额	运杂费	合计										
									千	百	十	万	千	百	十	元	角	分
	方木		66	66	立方米	4 000	264 000.00	6 000			2	7	0	0	0	0	0	0
	五金包盒		208 000	208 000	个	0.25	52 000.00	500				5	2	5	0	0	0	0
	矩形盖		192 000	192 000	个	0.5	96 000.00	4 000			1	0	0	0	0	0	0	0
										¥	4	2	2	5	0	0	0	0
备注				验收人盖章	李金			合计¥422 500.00										

第二联：会计部门

采购人：　　　　检验员：　　　　记账员：谢金玲　　　　保管员：张宁

4200106235　　**湖北增值税专用发票**　　№00017461

发票联

开票日期：2020年12月19日

购货单位	名　　称：湖南星城门业有限公司 纳税人识别号：430876213564010 地址、电话：长沙市岳麓区雷锋大道356号0731-88116666 开户行及账号：中国建设银行长沙麓山支行29206799801008432002	密码区	2489-1<9-7-61596284 8<032/52>9/29533-4974 1626<8-3024>82906-2 -47-6<7>2*-/>*>6/	加密版本：01 42000205728 00016174

货物或应税劳务名称	规格型号	单位	数量	单价	金额	税率	税额
方木		立方米	66	4 000	264 000.00	13%	34 320.00
五金包盒		个	208 000	0.25	52 000.00		6 760.00
矩形盖		个	192 000	0.50	96 000.00		12 480.00
合　　计					¥412 000.00		¥53 560.00
价税合计（大写）	人民币肆拾陆万伍仟伍佰陆拾元整（小写）465 560.00						

销售方	名　　称：湖北光明制造厂 纳税人识别号：430104010213518 地址、电话：湖北汉江路95号 027-8785532 开户行及账号：中国工商银行武汉汉江支行190234567211235	备注	湖北光明制造厂 430104010213518 发票专用章

收款人：　　复核：　　开票人：李红　　销售单位：（章）

第三联：发票联　购货方记账凭证

20．19日，收到购货单位偿还前欠货款20 000元存入银行。

中国建设银行　　进账单（收账通知）　3

2020年 12月 19日

出票人	全　　称	上海青云有限公司	收款人	单位名称	湖南星城门业有限公司
	账　　号	456721119025323		账　　号	29206799801008432002
	开户银行	中国建设银行长沙解放支行		开户银行	中国建设银行长沙麓山支行
金额	人民币（大写）	贰万元整		亿千百十万千百十元角分	¥2000000
票据种类	转账支票	票据张数	1		
票据号码	11504089				
复核　　记账				收款人开户银行签章	中国建设银行长沙麓山支行 2020.12.19 转讫 (01)

此联是收款人开户银行交给收款人的收账通知

21．20 日，以银行存款 30 000 元，偿还前欠供应单位货款。

电子汇划付款回单

2020年12月20日　　流水号：018275492759206

付款人	全　称	湖南星城门业有限公司	收款人	全　称	新市江山制造厂
	账　号	29206799801008432002		账　号	190234567211279
	开户行	中国建设银行长沙麓山支行		开户行	中国建设银行汉江支行
金额	（大写）叁万元整				¥30 000.00
用途	付欠款				

备注：

汇划日期：2020年12月20日　　汇划流水号：018275492759238

汇出行行号：102161319712　　原凭证种类：011

原凭证号码：　　原凭证金额：¥30 000.00

汇款人地址：

收款人地址：

实际收款人账号：190234567211279

实际收款人名称：新市江山制造厂

中国建设银行 长沙麓山支行 2020.12.20 转讫（01）

银行盖章

中国建设银行
转账支票存根

10504330

00708966

附加信息

出票日期 2020 年 12 月 20 日

收款人：	新市江山制造厂
金　额：	¥30 000.00
用　途：	付欠款

单位主管　　会计

深圳光华印制有限公司·2011年印制

22. 20 日银行通知，到期应收票据 40 000 元，收款手续办妥，已存入企业存款户。

委托收款凭证（收款通知）　4

委托号码：第 06321 号

委托日期 2020年12月20日　　付款日期：　年　月　日

收款人	全　称	湖南星城门业有限公司	付款人	全　称	长沙市枫林公司	
	账号或地址	29206799801008432002		账号或地址	245466387805961	
	开户银行	建行麓山支行		开户银行	建行	行号 032
委收金额	人民币（大写）	肆万圆整		千百十万千百十元角分	¥ 4 0 0 0 0 0 0	
款项内容	货款	委托收款凭证名称	商业承兑汇票	附寄单证张数	1张	
备注：	电划					

单位主管　会计　复核　记账　付款人开户行收到日期 2020年12月20日

中国建设银行 长沙麓山支行 2020.12.20 转讫 (01)

此联收款人开户行给收款人的收账通知

商业承兑汇票

签发日期　贰零贰零年零玖月贰拾日　汇票号码：10762

收款人	全　称	湖南星城门业有限公司	付款人	全　称	长沙市枫林公司
	账号或地址	29206799801008432002		账号或地址	245466387805961
	开户银行	建行麓山支行		开户银行	建行　行号 032
汇票金额	人民币（大写）	肆万元整		千百十万千百十元角分	¥ 4 0 0 0 0 0 0
汇票到期日	贰零贰零年壹拾贰月贰拾日		交易合同号码	32456[illegible]003	
本汇票已本单位承兑，到期日无条件支付票款 此致 承兑人盖章 承兑日期：2020 年 12 月 20 日			出票人盖章： 负责　经办		

湖南省长沙市枫林公司

湖南省长沙市枫林公司 财务专用章

23. 21 日，销售铝合金门 150 扇，货款 165 000 元，增值税 21 450 元，代垫运费 6 950元，其中 100 000 元收存银行，余款暂欠。

湖南增值税专用发票

4300132501　　№ 01910522

此联不作报销、扣税凭证使用　　开票日期：2020-12-21

购货单位	名　　称：佳木斯新天公司 纳税人识别号：230800061789184 地址、电话：佳木斯天府路189号 0471-3216045 开户行及账号：建行天府路支行027224822119003			密码区	3-65745<19458<3840481 75/37503848*7>+>-2//5 >*8574567-7<8*873/+< 13-3001152-	加密版本： 011401121140 01910120	
货物或应税劳务名称	规格型号	单位	数量	单价	金额	税率	税额
铝合金门		扇	150	1 100.00	165 000.00	13%	21 450.00
合　计					¥165 000.00		¥21 450.00
价税合计（大写）	⊗壹拾捌万陆仟肆佰伍拾元整				（小写）¥186 450.00		
销货单位	名　　称：湖南星城门业有限公司 纳税人识别号：430876213564010 地址、电话：长沙市岳麓区雷锋大道356号0731-88116666 开户行及账号：中国建设银行长沙麓山支行29206799801008432002			备注			

收款人：　　复核：　　开票人：张小明　　销售方：（章）

税总函[2016]248号湖南华森实业公司

第一联：记账联　销货方记账凭证

湖南星城门业有限公司 430876213564010 发票专用章

销售单

购货单位：佳木斯新天公司　　地址和单位：佳木斯天府路189号 0471-3216045　　单位编号：X1202

纳税识别号：230800061789184　　开户行和账号：建行天府路支行 027224822119003　　制单日期：2020-12-21

编号	产品名单	规格	单位	单价	数量	金额	备注
1	铝合金门		扇	1 100.00	150	165 000.00	不含税价
会计	人民币（大写）：壹拾陆万伍仟元整					¥165 000.00	

会计联

总经理：刘悦　　销售经理：朱俊　　经手人：陈芹文　　会计：张小丽　　签收人：刘军

中国建设银行
转账支票存根

10504330

00708966

附加信息

出票日期 2020年12 月 21 日

收款人：潇湘铁路运输公司

金　额：¥6 950.00

用　途：付代垫运费

单位主管　　会计

深圳光华印制有限公司·2011年印制

电 **中国建设银行 委托收款凭证（回单）** 1 第001963号

委托日期 2020 年12月21日

出票人	全称	佳木斯新天公司	收款人	全称	湖南星城门业有限公司
	账号	027224822119003		账号	29206799801008432002
	开户银行	建设天府路支行		开户银行	中国建设银行长沙麓山支行 行号 7861
委收金额	人民币（大写）	壹拾万元整	千百十万千百十元角分		¥ 1 0 0 0 0 0 0 0
款项内容	货款	委托收款凭据名称	发票	附寄单证张数	2
备注：附铝合金门货款		款项收妥日期 年 月 日		收款人开户行盖章 月 日	

此联是收款人开户银行交给收款人的回单

中国建设银行 长沙麓山支行 2020. 12. 21 转讫 (01)

单位主管　　会计　　复核　　记账

24. 21 日，接银行通知，本季度应付借款利息 18 000 元，已从银行存款户划转。（原已计提 12 000 元，本月应提 6 000 元）

中国建设银行计收利息清单（支款通知）

户名	湖南星城门业有限公司				账号	29206799801008432002
计息起止时间	2021 年 9 月 21 日至 2021 年 12 月 21 日				左列贷款利息业已从你单位账户扣付	
贷款种类	贷款账号	计息日贷款余额	计息积数	利率	计收利息金额	
	112	240 000.00	6 000 000.00	0.3%	18 000.00	（银行盖章）
利息金额人民币（大写）	壹万捌仟元整		百千万千百十元角分		¥ 1 8 0 0 0 0 0	转账日期 2020 年 12 月 21 日

中国建设银行 长沙麓山支行 2020. 12. 21 转讫 (01)

25. 22 日，购买固定资产一台，价税合计 18 080 元，包装运杂费 1 000 元，款已付。

中国建设银行
转账支票存根
10504330
00708967

深圳光华印制有限公司 · 2011 年印制

附加信息

出票日期 2020年12 月 22 日

收款人：
长沙腾胜实业公司

金　额：¥19 080.00

用　途：支付材料费等

单位主管　　　会计

QQ运输　　送货单

日期：2020 年 12 月 23 日

No. 104525000035325
发站：长沙　　到站：潇湘
电话：073184653241 电话 073182208088

货物编号	货物名称	库区	包装	件数	收货人付款	备注
1129-356247-7961-1	设备	A 库	木箱	1	1 000.00	
合计（大写）：	人民币壹仟元整					

收货人及电话：湖南星城门业有限公司 0731-88116666

收货人证件：＿＿＿＿＿　代提人证件：＿＿＿＿＿

收货人地址：＿＿＿＿＿　其他证牌号：＿＿＿＿＿

湖南长沙一帆运输公司 业务专用章

制单人：付艳　　收款人：　陈方　　仓管员：　　收货人：

1401121140　　**增值税专用发票**　　№ 15598129

发 票 联

开票日期：2020-12-23

购货单位	名　　称：湖南星城门业有限公司 纳税人识别号：430876213564010 地址、电话：长沙市岳麓区雷锋大道356号0731-88116666 开户行及账号：中国建设银行麓山支行29206799801008432002	密码区	3-65745<19458<3840481 75/37503848*7>+>-2//5 >*8574567-7<8*873/+<4 13-3001152-/>7142>>8-

货物或应税劳务名称	规格型号	单位	数量	单价	金额	税率	税额
设备		台	1	16 000.00	16 000.00	13%	2 080.00
合　　计					¥16 000.00		¥2 080.00
价税合计（大写）	⊗ 壹万捌仟零捌拾元整				（小写）¥18 080.00		

销售方	名　　称：长沙腾胜实业公司 纳税人识别号：430111651123612 1 地址、电话：长沙市开福区开福寺路11号0731-82225852 开户行及账号：中国工商银长沙开福支行 19011188817016455526	备注	

收款人：　　复核：　　开票人：张芸　　销售方：（章）

税总函［2016］361号海南华森实业公司

第三联：发票联 购货方记账凭

（印章：长沙腾胜实业公司 430111651123612 1 发票专用章）

中国建设银行 China Construction Bank　　**进账单**（回　单）　　1

2020年　12月　26日

出票人	单位名称	湖南星城门业有限公司	收款人	单位名称	长沙腾胜实业公司
	账　　号	29206799801008432002		账　　号	19011188817016455526
	单位名称	中国建设银行长沙麓山支行		开户银行	中国工商银行长沙开福支行

金额	人民币（大写） 壹万玖仟零捌拾元整	亿	千	百	十	万	千	百	十	元	角	分
					¥	1	9	0	8	0	0	0

票据种类	转账支票	票据张数	1
票据号码	03148929		

复核　　记账　　开户银行签章

（印章：中国建设银行长沙麓山支行 2020.12.26 业务专用章 (01)）

175×85mm　GH082113

此联是开户银行交给持（出）票人的回单

公路、内河货物运输业统一发票

湖南 发票联

备查号　　　　　　　　　　　　　　　　　　　　　发票代码：104525000035325

开票日期 2020年12月23日　　　　　　　　　　　　　发票号码：00005074

机打代码 机打号码 机器编号	030411750223 00007847		税控码		
收货人及纳税人识别号	湖南星城门业有限公司 430876213564010		承运人及纳税人识别号	湖南长沙一帆运输公司 102800339658370	
发货人及纳税人识别号	长沙腾胜实业公司 4301116511236121		主管税务机关及代码	地税局 305230037	
运输项目及金额	货物名称 设备　数量 1台　运费金额 950		其他项目及金额	杂费 50	备注（手写无效）代开单位盖章
运费小计	￥950.00		其他费用小计	￥50.00	
合计（大写）	人民币壹仟元整　（小写）￥1 000.00				
代开单位及代码	地税局 237030503		扣缴税额、税率完税凭证号码		

第二联 发票联 付款方记账凭证

26．23日，为改扩建厂房，向银行贷款100万元，为期3年。

工商企业借款借据（收账通知）

借款企业名称：湖南星城门业有限公司 2020年12月23日

贷款种类	长期借款	贷款账号	131	存款账号	430875214563002
借款金额	人民币(大写)：壹佰万元整				千 百 十 万 千 百 十 元 角 分 ￥ 1 0 0 0 0 0 0 0 0
借款用途：改扩建厂房					
约定还款期：期限36个月　　　于2023年12月22日到期					
上列借款已批准发放，转入你单位存款账户。 此致 单位 （银行签章） 中国建设银行 长沙麓山支行 2020.12.23 转讫 (01)			单位分录： （借） （贷） 主管　会计　复核　记账 2020年12月23日 敬		

中国建设银行长期借款合同

立合同单位：

中国建设银行长沙麓山支行(以下简称贷款方)

湖南星城门业有限公司(以下简称借款方)

潇湘机电总公司(以下简称保证方)

为明确责任，恪守合同，特签订本合同，共同信守。

一、借款种类：企业长期借款

二、借款金额：壹佰万元整

三、借款用途：厂房的改扩建

四、借款利息：月息千分之二按季收息，利随本清。如遇国家调整利率，按调整后的规定利率计算。

五、借款期限：借款时间自二〇二〇年十二月二十三日至二〇二三年十二月二十二日止。

六、还款资金来源：营业收入

七、还款方式：转账

八、保证条款：借款方请潇湘机电总公司作为自己借款保证方，经贷款方审查，证实保证方具有担保资格和足够的代偿借款的能力。保证方有权检查和督促借款方履行合同。当借款方不履行合同时，由保证方连带承担偿还借款本息的责任。必要时，贷款方可以从保证方的存款账户内扣收贷款本息。

九、违约责任：(略)

合同的附件：(略)

本合同经各方签字后生效，贷款本息全部清偿后自动失效。

本合同正本一式三份，贷款方、借款方、保证方各执一份；合同副本____份，报

送____有关单位各留一份。

贷款方　　　　　（公章）　　　　　　　　　　　　法人代表　　　　（盖章）

借款方　　　　　（公章）　　　　　　　　　　　　法人代表　　　　（盖章）

保证方　　　　　（公章）　　　　　　　　　　　　法人代表　　　　（盖章）

借款方开户银行：中国建设银行长沙麓山支行

账号：29206799801008432002

2020 年 12 月 23 日

27. 24 日，支付电话费 4 800 元。

湖南省电信公司潇湘分公司电信业务专用发票

发 票 联

序号：20151223234578　　日期：2020年12月24日　　(2020)　　№0213691

号　码：0731-82208088，0731-82278988				业务类别：
用户名称：湖南星城门业有限公司				付款方式：
项　目	金　额	项　目	金　额	备注：
月租费 市话费 长途费	400.00 1200.00 3012.00	其他费 IP费 滞纳金	188.00	1、本发票仅限于中国电信电话卡零售外的其他各类电信业务。 2、本发票使用至2019年底过期作废。
大写金额	肆仟捌佰元整		小写金额	¥4 800.00

开票人：　　　　收款人：

（印章：湖南省电信公司潇湘分公司收款专用章）

中国建设银行
转账支票存根
10504330
00708967

附加信息

出票日期 2020 年 12 月 24 日

收款人：湖南省电信公司

金　额：¥4 800.00

用　途：支付电话费

单位主管　　会计

中国建设银行 China Construction Bank **进账单**（回 单） 1

2020 年 12 月 24 日

出票人	全称	湖南星城门业有限公司	收款人	单位名称	湖南省电信公司
	账号	29206799801008432002		账号	19011188819245766627
	开户银行	中国建设银行长沙麓山支行		开户银行	中国工商银行长沙开福支行
金额	人民币（大写）	肆仟捌佰元整		亿千百十万千百十元角分	¥ 4 8 0 0 0 0
票据种类	转账支票	票据张数	1		
票据号码	03148929				
复核 记账				开户银行签章	

中国建设银行长沙麓山支行 2020.12.24 业务专用章 (01)

此联是开户银行交给持（出）票人的回单

175×85mm CHO82413

28\. 25 日，以银行支付本月电费 25 086 元（含增值税 2 886 元）。注：先记入“应付账款”。

4300133140 **湖南增值税专用发票** № 01911557

此联不作报销、扣税凭证使用　　开票日期：2020-12-25

购货单位	名称：湖南星城门业有限公司 纳税人识别号：430876213564010 地址、电话：长沙市岳麓区雷锋大道356号 0731-88116666 开户行及账号：中国建设银行长沙麓山支行29206799801008432002			密码区			
货物或应税劳务服务名称	规格型号	单位	数量	单价	金额	税率	税额
电费		千瓦时	22 200	1.00	22 200.00	13%	2 886.00
合计					¥22 200.00		¥2 886.00
价税合计（大写）	贰万伍仟零捌拾陆元整				（小写）¥25 086.00		
销售方	名称：长沙电力分公司 纳税人识别号：430222321544105 地址、电话：长沙市芙蓉区五一大厦242号. 0731 82789421 开户行及账号：中国工商银行长沙芙蓉支行19000010122455570766			备注			

收款人：　复核：　开票人：朱和平　销售单位：（章）

长沙供电分公司 发票专用章

税总函[2016]675号海南华森实业公司

第一联：记账联 销售方记账凭证

委电　　**委托收款** 凭证(付款通知)　　5　　委收号码：第 06213 号

付款日期：　年　月　日

委托日期 2020年12月25日

付款人	全　称	湖南星城门业有限公司	收款人	全　称	长沙供电分公司
	账　号或地址	29206799801008432002		账　号或地址	19000010122455570766
	开户银行	建行长沙麓山支行		开户银行	工行　行号 019
委收金额	人民币（大写）	贰万伍仟零捌拾陆元整		千 百 十 万 千 百 十 元 角 分	¥ 2 5 0 8 6 0 0
款项内容	电费	委托收款凭证名称		附寄单证张数	
备注：	电划	付款人注意： 1. 应于见票当日通知开户行划款。 2. 如需拒付，应在规定的期限内，将拒付理由书并附债务证明退交开户行。			

中国建设银行 长沙麓山支行 2020.12.25 转讫 (01)

此联付款人开户行给付款人按期付款的通知

29．26 日，以银行存款 20 000 元向中国红十字基金会捐款。

中国建设银行 China Construction Bank　　进账单（回　单）　　1

2020年　12月　26日

出票人	单位名称	湖南星城门业有限公司	收款人	单位名称	中国红十字基金会
	账　号	29206799801008432002		账　号	29206799801000851234
	单位名称	中国建设银行长沙麓山支行		开户银行	中国建设银行长沙麓山支行
金额	人民币（大写）	贰万元整		亿 千 百 十 万 千 百 十 元 角 分	¥ 2 0 0 0 0 0 0
票据种类	转账支票	票据张数	1		
票据号码	03148929				
	复核　记账			开户银行签章	

中国建设银行长沙麓山支行 2020.12.26 业务专用章 (01)

175×85mm GH082113

此联是开户银行交给持（出）票人的回单

建设银行
转账支票存根
50184729
13148929

附加信息

出票日期 2020 年 12 月 26 日

收款人:	中国红十字基金会
金　额:	¥20 000.00
用　途:	捐赠

单位主管　　会计

上海金达证券印制有限公司・2011年印制

公益性单位接受捐赠统一收据

UNIFIED IN VOICE OF DONATION FOR PUBLIC WELFARE ORGANIZATION

（印章：全国统一发票监制章　国家税务总局监制）

国财　　2020年 12月 26日（Y M D）　　(14)No 50789713

财政部监制（2004）10000本 至美公司印制

捐 赠 者 Donor：湖南星城门业有限公司

捐赠项目 For Purpose：抗震救灾

捐赠金额（实物价值）Tocal Amount

大写 In Words：零佰零拾贰万零仟零佰零拾零元零角零分

小写 In Words：¥20000.00

佰	拾	万	仟	佰	拾	元	角	分
	¥	2	0	0	0	0	0	0

货币 Curren：人民币

备注 Notos：

接收单位（签章）Recelver's Seal　（印章：中国红十字基金会长沙分会 财务专用章）

审核 Verlffed by：张健

经手人 Handling Person：常伟

支票号 Cheque No

第二联 捐赠者 Second Donor

感谢您的慷慨捐赠！ Thank you for your generons donation!

30．29 日，以银行存款 2 000 元付工会经费。

中国建设银行
转账支票存根
10504330
00708969

深圳光华印制有限公司·2011年印制

附加信息

出票日期 2020 年 12 月 29 日

收款人:
潇湘总工会

金　额: ¥2 000.00

用　途: 工会经费

单位主管　　会计

中国建设银行 China Construction Bank　　进账单（回　单）　1

2020 年 12月 29日

出票人	全　称	湖南星城门业有限公司	收款人	名　称	潇湘总工会
	账　号	29206799801008432002		账　号	19011188819245766627
	开户银行	中国建设银行长沙麓山支行		开户银行	中国工商银行长沙开福支行
金额	人民币（大写）	贰仟元整		亿千百十万千百十元角分	¥200000
票据种类	转账支票	票据张数	1		
票据号码	03148930				
复核　记账				开户银行签章	

中国建设银行长沙麓山支行 2020.12.29 业务专用章 (01)

此联是开户银行交给持□出□票人的回单

175×85mm GH082113

收 款 收 据

2020 年 12 月 29 日

今收到湖南星城门业有限公司 工会经费 款

人民币（大写） 贰仟元整 ￥2 000.00

备注	

出纳： 会计： 经手人：李明

（印章：潇湘总工会 财务专用章）

31. 31 日，本月发料凭证汇总如下：

湖南星城门业有限公司发料凭证汇总表

2020 年 12 月 31 日

用途	方木	五金包盒	矩形盖	其他材料	合计
木质门					
铝合金门					
制造费用					
管理费用					
合计					

单位主管： 会计： 复核： 记账： 制单：

材 料 领 用 单

编号：0001

部门：基本生产车间 2020 年 12 月 10 日 制品或工作序号：

项目 \ 用途	材料名称		方木	规格型号		计量单位：立方米
	请领	实发	单价	总价	备注	
生产木质门	30	30				
生产铝合金门	30	30				
合计	60	60				

主管： 领料：王义明 审核： 发料人：张宁

②记账联

材料领用单

编号：0002

部门：基本生产车间　　2020 年 12 月 10 日　　制品或工作序号：

项目 用途	材料名称	五金包盒	规格型号		计量单位：个
	请领	实发	单价	总价	备注
生产木质门	200 000	200 000			
生产铝合金门	100 000	100 000			
合计	300 000	300 000			

主管：　　领料：王义明　　审核：　　发料人：张宁

②记账联

材料领用单

编号：0003

部门：基本生产车间　　2020 年 12 月 10 日　　制品或工作序号：

项目 用途	材料名称	矩形盖	规格型号		计量单位：个
	请领	实发	单价	总价	备注
生产木质门	15 000	15 000			
生产铝合金门	15 000	15 000			
合计	30 000	30 000			

主管：　　领料：王义明　　审核：　　发料人：张宁

②记账联

材料领用单

编号：0004

部门：基本生产车间　　2020 年 12 月 20 日　　制品或工作序号：

项目 用途	材料名称	方木	规格型号		计量单位：立方米
	请领	实发	单价	总价	备注
生产木质门	30	30			
生产铝合金门	20	20			
合计	50	50			

主管：　　领料：王义明　　审核：　　发料人：张宁

②记账联

材料领用单

编号：0005

部门：基本生产车间　　2020 年 12 月 20 日　　制品或工作序号：

项目 用途	材料名称	五金包盒	规格型号		计量单位：个
	请领	实发	单价	总价	备注
生产木质门	200 000	200 000			
生产铝合金门	100 000	100 000			
合计	300 000	300 000			

主管：　　领料：王义明　　审核：　　发料人：张宁

②记账联

材料领用单

编号：0006

部门：基本生产车间　　2020 年 12 月 20 日　　制品或工作序号：

项目 用途	材料名称	矩形盖	规格型号		计量单位：千克
	请领	实发	单价	总价	备注
生产木质门	40 000	40 000			
生产铝合金门	40 000	40 000			
合计	80 000	80 000			

主管：　　领料：王义明　　审核：　　发料人：张宁

②记账联

材料领用单

编号：0007

部门：基本生产车间　　2020 年 12 月 25 日　　制品或工作序号：

项目 用途	材料名称	其他材料	规格型号		计量单位：千克
	请领	实发	单价	总价	备注
生产木质门				18 800	
生产铝合金门				12 000	
合计				30 800	

主管：　　领料：王义明　　审核：　　发料人：张宁

②记账联

材 料 领 用 单

编号：0008

部门：　　　　2020 年 12 月 25 日　　　　制品或工作序号：

项目 用途	材料名称		其他材料	规格型号		计量单位：千克
	请领	实发	单价	总价	备注	
生产车间用				27 200		
行政管理部门用				2 844		
合计				30 044		

主管：　　　　领料：王义明　　　　审核：　　　　发料人：张宁

②记账联

32. 31 日，计提本月固定资产折旧 19 000 元，其中，生产车间 15 000 元，厂部 4 000元。

固定资产折旧计算汇总表

2020 年 12 月 31 日　　　　单位 ：元

部门	月折旧额
生产车间	15 000.00
行政管理部门	4 000.00
合计	19 000.00

单位主管 ：王宇　　　　会计：张小丽　　　　复核　　　　记账：　　　　制单：

33. 31 日，摊销本月负担的无形资产 4 000 元。

无形资产摊销计算表

2020 年 12 月 31 日　　　　单位 ：元

部门	摊余价值	摊销期间	月摊销额
行政管理部门	48 000	12	4 000.00
合计	48 000		4 000.00

单位主管：王宇　　　　会计：张小丽　　　　复核：　　　　记账：　　　　制单：

34. 31 日，计提本月负担的借款利息 750 元。

贷款利息预提表

2020 年 12 月 31 日

贷款项目	贷款期限	本金	年利率	月提取额
流动资金借款	6 个月	200 000.00	4.5%	750.00
合计				

单位主管：王宇　　会计：张小丽　　复核：　　记账：　　制单：

35. 31 日，支付中国人民保险公司财产保险费 2 000 元。

中国人民保险公司保险费统一收据

保险单位：湖南星城门业有限公司　　2020 年 12 月 31 日　　№ 006585

保险项目	保险价值	计费比率	保险费额	备注
财 产 保 险	400 000	5‰	2 000 元	
合　计			2 000 元	
合计金额（大写）：贰仟元整			¥2 000.00	

（印章：中国人民保险公司 发票专用章）

主管：徐小慧　　复核：　　开票人：李航

中国建设银行 China Construction Bank　进账单（回　单）　1

2020 年 12月 29日

出票人	全　称	湖南星城门业有限公司	收款人	名　称	中国人民保险公司
	账　号	29206799801008432002		账　号	19011188819245766579
	开户银行	中国建设银行长沙麓山支行		开户银行	中国工商银行长沙开福支行
金额	人民币（大写）	贰仟元整		亿千百十万千百十元角分	¥200000
票据种类	转账支票	票据张数	1		
票据号码	00708967				
复核　记账				开户银行签章	

（印章：中国建设银行长沙麓山支行 2020.12.31 业务专用章 (01)）

175×85mm GH082113

此联是开户银行交给持（出）票人的回单

中国建设银行
转账支票存根
10504330
00708967

附加信息

出票日期 2020 年 12 月 31 日

收款人:
中国人民保险公司
金　额: ¥2 000.00
用　途: 付财产保险费

单位主管　　会计

深圳光华印制有限公司·2011 年印制

36. 31 日，分配本月应付工资。

工资分配汇总表

2020 年 12 月 31 日　　　　单位：元

项　　　目	应付职工工资
生产工人工资	
其中：木质门	80 000.00
铝合金门	60 000.00
车间管理人员工资	10 000.00
企业管理人员工资	18 000.00
合　　计	168 000.00

单位主管：王宇　　会计：张小丽　　复核：　　记账：　　制单：

37. 31 日，分配电费。生产木质门用 10 000 元，生产铝合金门用 8 600 元，生产车间照明等用 2 000 元，厂部管理部门用 1 600 元。

电费分配表

2020 年 12 月 31 日　　　　单位：元

部门	用电量	分配金额	备注
生产木质门	10 000	10 000	
生产铝合金门	8 600	8 600	
生产车间照明	2 000	2 000	
厂部管理部门	1 600	1 600	
合计	22 200	22 200	

单位主管：王宇　　会计：张小丽　　复核：　　记账：　　制单：

38. 31 日，结转本月制造费用。（按生产工人工资比例分配）

制造费用分配表

2020 年 12 月 31 日　　　　单位：元

分配对象	分配标准（工时）	制造费用本月发生额	分配率	分配金额
木质门	40000			
铝合金门	30000			
合计	70000			

单位主管：王宇　　会计：张小丽　　复核：　　记账：　　制单：

39. 31 日，本月完工木质门 1 000 扇，完工铝合金门 700 扇。上述木质门、铝合金门均已验收入库。

完工产品成本计算单

2020 年 12 月 31 日　　　　单位：元

成本项目	木质门 （产量 1 000）		铝合金门 （产量 700）	
	总成本	单位成本	总成本	单位成本
直接材料				
直接人工				
制造费用				
其他直接费用				
合计				

单位主管：　　会计：　　复核：　　记账：　　制单：

产品入库单

交货单位：基本生产车间　　2020 年 12 月 31 日　　收字第 102 号

产品名称	单位	数量	单位成本	金额							
				十	万	千	佰	十	元	角	分
木质门	扇	1 000									
铝合金门	扇	700									
金额(大写)											

送检人：　　检验员：　　记账员：　　保管员：刘一平

40. 31 日，结转本月产品销售成本(按全月一次加权平均成本计算)。

已销产品成本计算表

2020 年 12 月 31 日　　单位：元

产品名称	计量单位	月初结存		本月入库		本月销售		期末结存		
		数量	总成本	数量	总成本	数量	总成本	数量	单价	总成本
木质门	扇	600	240 000.00	1 000		600		1 000		
铝合金门	扇	400	188 000.00	700		350		750		
合计		1 000	428 000.00			950		1 750		

单位主管：王宇　　会计：张小丽　　复核：　　记账：　　制单：

41. 31 日，计算本月应交城建税、教育费附加。

应交税费计算表

单位名称 湖南星城门业有限公司　　2020 年 12 月 31 日　　单位：元

税种、税目	计税依据		适用税率	应交税金	备注
	项目	金额			
城建税	实缴增值税		7%		
教育费附加	实缴增值税		3%		
合计					

会计主管：　　复核：　　制单：

42. 31 日，将本月产品销售收入结转“本年利润”账户。

营业收入汇总表

2020 年 12 月 31 日　　　　单位 ：元

货号	名称用规格	单位	数量	单价	总金额	备注
	木质门	扇	600	900	540 000.00	
	铝合金门	扇	350	1100	385 000.00	
	合　　计				925 000.00	

单位主管：王宇　　会计：张小丽　　复核：　　记账：　　制单：

43. 31 日，将本月营业成本、税金及附加、销售费用、管理费用、财务费用结转“本年利润”账户。

湖南星城门业有限公司成本费用支出表

2020 年 12 月 31 日

项目	金额
营业成本	
税金及附加	
销售费用	
管理费用	
财务费用	
营业外支出	
合计	

会计主管：　　复核：　　记账：　　制单

44. 31 日，按所得税率 25％计算应交所得税，并将所得税费用转入“本年利润”账户。

应交税费计算表

单位名称 湖南星城门业有限公司　　2020 年 12 月 31 日　　金额单位：元

税种、税目	计税依据		适用税率	应交税金	备注
	项目	金额			
合　计					

会计主管：王宇　　复核：　　制单：

45. 31 日，结转本年净利润。

本年利润计算表

2020 年 12 月 31 日

项目	金额
营业收入	
营业成本	
税金及附加	
销售费用	
管理费用	
财务费用	
营业外收入	
营业外支出	
投资收益	
公允价值变动损益	
所得税费用	

会计主管：王宇　　复核：　　记账：　　制单：

46. 31 日，计提法定盈余公积、任意盈余公积。

计提盈余公积计算表

单位名称 湖南星城门业有限公司　　2020 年 12 月 31 日　　金额单位：元

项　目	计算依据	金　额	适用比例	计提金额	备　注
法定盈余公积	净利润		10%		
任意盈余公积	净利润		5%		
合　计					

会计主管：王宇　　复核：　　制单：

47. 31 日，计算应付投资者利润。

应付利润计算表

单位名称 湖南星城门业有限公司　　2020 年 12 月 31 日　　金额单位：元

项目	计算依据		适用比例	应付金额	备注
	项目	金额			
应付利润	净利润		40%		
合计					

会计主管：王宇　　复核：　　制单：

48. 31 日，结转利润分配其他各明细账户至未分配利润。

湖南星城门业有限公司利润分配明细表

2020 年 12 月 31 日

利润分配明细科目	金额
计提法定盈余公积	
计提任意盈余公积	
应付利润	
合计	

会计主管：　　复核：　　记账：　　制单

凭证	号至 号	张
凭证	号至 号	张
凭证	号至 号	张

科目汇总表

年 月 日至 日　　　　第____号

会计科目	本期发生额																					
	借方金额										账页或√	贷方金额										账页或√
	千	百	十	万	千	百	十	元	角	分		千	百	十	万	千	百	十	元	角	分	
合 计																						

会计主管：　　　　复核：　　　　记账：　　　　制单：

凭证	号至　号	张
凭证	号至　号	张
凭证	号至　号	张

科目汇总表

年　月　日至　日　　　　第____号

会计科目	本期发生额																					
	借方金额										账页或√	贷方金额										账页或√
	千	百	十	万	千	百	十	元	角	分		千	百	十	万	千	百	十	元	角	分	
合　计																						

会计主管：　　　　复核：　　　　记账：　　　　制单：

凭证	号至 号	张
凭证	号至 号	张
凭证	号至 号	张

科目汇总表

年 月 日至 日 第____号

会计科目	本期发生额																					
	借方金额										账页或√	贷方金额										账页或√
	千	百	十	万	千	百	十	元	角	分		千	百	十	万	千	百	十	元	角	分	
合 计																						

会计主管： 复核： 记账： 制单：

资产负债表

会企 01 表

编制单位：湖南星城门业有限公司　　　2020 年 11 月 30 日　　　单位：元

资产	期末余额	上年年末余额	负债及所有者权益（或股东权益）	期末余额	上年年末余额
流动资产：			**流动负债：**		
货币资金	812 000		短期借款	160 000	
交易性金融资产	300 000		交易性金融负债		
衍生金融资产			衍生金融负债		
应收票据	40 000		应付票据		
应收账款	90 000		应付账款	40 000	
应收款项融资			预收款项		
预付款项	1 600		合同负债		
其他应收款	10 000		应付职工薪酬	18 000	
存货	788 000		应交税费	52 000	
合同资产			其他应付款	349 600	
持有待售资产			持有待售负债		
一年内到期的非流动资产			一年内到期的非流动负债		
其他流动资产			其他流动负债		
流动资产合计	2 041 600		流动负债合计	619 600	
非流动资产：			**非流动负债：**		
债权投资			长期借款	480 000	
其他债权投资			应付债券		
长期应收款			其中：优先股		
长期股权投资	400 000		永续债		
其他权益工具投资			租赁负债		
其他非流动金融资产			长期应付款		
投资性房地产			预计负债		
固定资产	2 638 000		递延收益		
在建工程			递延所得税负债		
生产性生物资产			其他非流动负债		
油气资产			非流动负债合计	480 000	

续表

资产	期末余额	上年年末余额	负债及所有者权益（或股东权益）	期末余额	上年年末余额
使用权资产			负债合计	1 099 600	
无形资产	40 000		**所有者权益(或股东权益)：**		
开发支出			实收资本(或股本)	3 000 000	
商誉			其他权益工具		
长期待摊费用			其中：优先股		
递延所得税资产			永续债		
其他非流动资产			资本公积	20 000	
非流动资产合计	3 078 000		减：库存股		
			其他综合收益		
			专项储备		
			盈余公积	400 000	
			未分配利润	600 000	
			所有者权益（或股东权益）合计	4 020 000	
资产总计	5 119 600		负债和所有者权益(或股东权益)总计	5 119 600	

资产负债表

会企 01 表

编制单位：湖南星城门业有限公司　　2020 年 12 月 31 日　　单位：元

资产	期末余额	上年年末余额	负债及所有者权益（或股东权益）	期末余额	上年年末余额
流动资产：			**流动负债：**		
货币资金			短期借款		
交易性金融资产			交易性金融负债		
衍生金融资产			衍生金融负债		
应收票据			应付票据		
应收账款			应付账款		
应收款项融资			预收款项		
预付款项			合同负债		
其他应收款			应付职工薪酬		
存货			应交税费		
合同资产			其他应付款		
持有待售资产			持有待售负债		
一年内到期的非流动资产			一年内到期的非流动负债		
其他流动资产			其他流动负债		
流动资产合计			流动负债合计		
非流动资产：			**非流动负债：**		
债权投资			长期借款		
其他债权投资			应付债券		
长期应收款			其中：优先股		
长期股权投资			永续债		
其他权益工具投资			租赁负债		
其他非流动金融资产			长期应付款		
投资性房地产			预计负债		
固定资产			递延收益		
在建工程			递延所得税负债		
生产性生物资产			其他非流动负债		
油气资产			非流动负债合计		

续表

资产	期末余额	上年年末余额	负债及所有者权益（或股东权益）	期末余额	上年年末余额
使用权资产			负债合计		
无形资产			**所有者权益(或股东权益)：**		
开发支出			实收资本(或股本)		
商誉			其他权益工具		
长期待摊费用			其中：优先股		
递延所得税资产			永续债		
其他非流动资产			资本公积		
非流动资产合计			减：库存股		
			其他综合收益		
			专项储备		
			盈余公积		
			未分配利润		
			所有者权益(或股东权益)合计		
资产总计			负债和所有者权益(或股东权益)总计		

利　润　表

会企 02 表

编制单位：湖南星城门业有限公司　　　　2020 年 12 月　　　　单位：元

项目	本期金额	上期金额
一、营业收入		8 000 000
减：营业成本		6 080 000
税金及附加		4 576
销售费用		8 000
管理费用		640 000
研发费用		
财务费用		5 280
其中：利息费用		
利息收入		
加：其他收益		
投资收益(损失以“－”号填列)		480 000
其中：对联营企业和合营企业的投资收益		
以摊余成本计量的金融资产终止确认收益(损失以“－”号填列)		
净敞口套期收益(损失以“－”号填列)		
公允价值变动收益(损失以“－”号填列)		256 533.66
信用减值损失		
资产减值损失		
资产处置收益(损失以“－”号填列)		
二、营业利润(亏损以“－”号填列)		1 998 677.66
加：营业外收入		12 000
减：营业外支出		1 344 010
三、利润总额(亏损总额以“－”号填列)		666 667.66
减：所得税费用		166 666.66
四、净利润(净亏损以“－”号填列)		500 001
(一)持续经营净利润(净亏损以“－”填列)		
(二)终止经营净利润(净亏损以“－”填列)		
五、其他综合收益的税后净额		
(一)以后不能重分类进损益的其他综合收益		

续表

项目	本期金额	上期金额
(二)将重分类进损益的其他综合收益		
六、综合收益总额		
七、每股收益		
其中：基本每股收益		
稀释每股收益		

利　润　表

会企 02 表

编制单位：湖南星城门业有限公司　　　2020 年 12 月　　　单位：元

项目	本期金额	上期金额
一、营业收入		
减：营业成本		
税金及附加		
销售费用		
管理费用		
研发费用		
财务费用		
其中：利息费用		
利息收入		
加：其他收益		
投资收益(损失以“－”号填列)		
其中：对联营企业和合营企业的投资收益		
以摊余成本计量的金融资产终止确认收益(损失以“－”号填列)		
净敞口套期收益(损失以“－”号填列)		
公允价值变动收益(损失以“－”号填列)		
信用减值损失		
资产减值损失		
资产处置收益(损失以“－”号填列)		
二、营业利润(亏损以“－”号填列)		
加：营业外收入		
减：营业外支出		
三、利润总额(亏损总额以“－”号填列)		
减：所得税费用		
四、净利润(净亏损以“－”号填列)		
(一)持续经营净利润(净亏损以“－”填列)		
(二)终止经营净利润(净亏损以“－”填列)		
五、其他综合收益的税后净额		
(一)以后不能重分类进损益的其他综合收益		

续表

项目	本期金额	上期金额
(二)将重分类进损益的其他综合收益		
六、综合收益总额		
七、每股收益		
其中：基本每股收益		
稀释每股收益		

企业所得税年度纳税申报表

税款所属期间　　　　年　　月　　日至　　年　　月　　日　　　　金额单位：元

纳税人识别号 □□□□□□□□□□□□□□□

纳税人名称				
纳税人地址		邮政编码		
纳税人所属经济类型		纳税人所属行业		
纳税人开户银行		账号		

	行次	项目	金额
收入总额	1	销售（营业）收入（请填附表）	
	2	减：销售退回	
	3	折扣与折让	
	4	销售（营业）收入净额（1－2－3）	
	5	其中：免税的销售（营业）收入	
	6	特许权使用费收益	
	7	投资收益（请填附表）	
	8	投资转让净收益	
	9	租赁净收益	
	10	汇兑净收益	
	11	资产盘盈净收益	
	12	补贴收入	
	13	其他收入（请附明细表）	
	14	收入总额合计（4＋6＋7＋8＋9＋10＋11＋12＋13）	
扣除项目	15	销售（营业）成本（请填附表）	
	16	期间费用合计（17＋…＋41）	
	17	其中：工资薪金（请填附表）	
	18	职工福利费、职工工会经费、职工教育经费	
	19	固定资产折旧（请填附表）	
	20	无形资产、递延资产摊销	
	21	研究开发费用	
	22	利息净支出	
	23	汇兑净损失	
	24	租金净支出	

续表

扣除项目	25	上缴总机构管理费	
	26	业务招待费	
	27	税金	
	28	坏账损失(请填附表)	
	29	增提的坏账准备金	
	30	资产盘亏、毁损和报废净损失	
	31	投资转让净损失	
	32	社会保险缴款	
	33	劳动保护费	
	34	广告支出(请填附表)	
	35	捐赠支出(请填附表)	
	36	审计、咨询、诉讼费	
	37	差旅费	
	38	会议费	
	39	运输、装卸、包装、保险、展览费等销售费用(请附明细表)	
	40	矿产资源补偿费	
	41	其他扣除费用项目(附明细表)	
应纳税所得额的计算	42	纳税调整前所得(14－15－16)	
	43	加：纳税调整增加额(44＋…＋58)	
	44	其中：工资薪金纳税调整额	
	45	职工福利费、职工工会经费和职工教育经费的纳税调整额	
	46	利息支出纳税调整额	
	47	业务招待费纳税调整额	
	48	广告支出纳税调整额	
	49	赞助支出纳税调整额	
	50	捐赠支出纳税调整额	
	51	折旧、摊销支出纳税调整额	
	52	坏账损失纳税调整额	
	53	坏账准备纳税调整额	
	54	罚款、罚金或滞纳金	
	55	存货跌价准备	
	56	短期投资跌价准备	

续表

应纳税所得额的计算	57	长期投资减值准备	
	58	其他纳税调整增加项目(请附明细表)	
	59	减：纳税调整减少额(60+61)	
	60	其中：研究开发费用附加扣除额	
	61	其他纳税调整减少项目(请附明细表)	
	62	纳税调整后所得(42+43−59)	
	63	减：弥补以前年度亏损(请填附表)	
	64	减：免税所得(65+…+71)	
	65	其中：国债利息所得	
	66	免税的补贴收入	
	67	免税的纳入预算管理的基金、收费或附加	
	68	免于补税的投资收益	
	69	免税的技术转让收益	
	70	免税的治理“三废”收益	
	71	其他免税所得(请附明细表)	
	72	应纳税所得额(62−63−64)	
应缴税所得	73	适用税率	
	74	应缴所得税额	
	75	减：期初多缴所得税额	
	76	已预缴的所得税额	
	77	应补税的境内投资收益的抵免税额	
	78	应补税的境外投资收益的抵免税额	
	79	经批准减免的所得税额	
	80	应补(退)的所得税额(74−…−79)	

纳税人代表签章： 纳税人单位公章： 日期： 联系电话：	代理申报中介机构签章： 日期： 经办人： 经办人执业证件号码： 联系电话：

以下由税务机关填写：
经办人：　　受理申报税务机关公章
受理申报日期：
审核人：
审核日期：

参考文献

[1] 谢红越. 基础会计实训[M]. 长沙：中南大学出版社，2005.

[2] 柳志. 基础会计实训[M]. 北京：北京交通大学出版社，2011.

[3] 柳志. 会计综合实训[M]. 北京：高等教育出版社，2015.

[4] 中华人民共和国财政部．企业会计准则——基本准则[M]. 上海：立信会计出版社，2006.

[5] 中华人民共和国财政部．企业会计准则——应用指南[M]. 北京：中国财政经济出版社，2006.

[6]财政部会计司．企业会计准则讲解[M]. 北京：人民出版社，2006.